花田往事

陈一龄 / 著

图书在版编目（CIP）数据

花田往事 / 陈一龄著 . — 北京：华夏出版社，2015.9

ISBN 978-7-5080-8532-6

Ⅰ．①花… Ⅱ．①陈… Ⅲ．①乡镇—文化史—丰台区 Ⅳ．① K291.5

中国版本图书馆 CIP 数据核字（2015）第 176780 号

花田往事

陈一龄 / 著

总 策 划	北京华艺文化教育中心
责任编辑	梅子
出版发行	华夏出版社
经　　销	新华书店
印刷装订	北京联兴盛业印刷股份有限公司
版　　次	2015 年 9 月北京第 1 版 2015 年 9 月北京第 1 次印刷
开　　本	720×1030　1/32 开
印　　张	8.25
字　　数	120 千字
定　　价	58.00 元

华夏出版社　地址：北京市东直门外香河园北里 4 号　邮编：100028
　　　　　　网址：www.hxph.com.cn　电话：（010）64663331（转）
若发现本版图书有印装质量问题，请与我社营销中心联系调换。

引　子

　　北京，曾经有一片花田！这片花田在京城不断的扩建中消失了，曾经的种花处花乡也被千禧年开通的南四环分成了两"瓣"，花农们也从花田里"飞"上了楼。

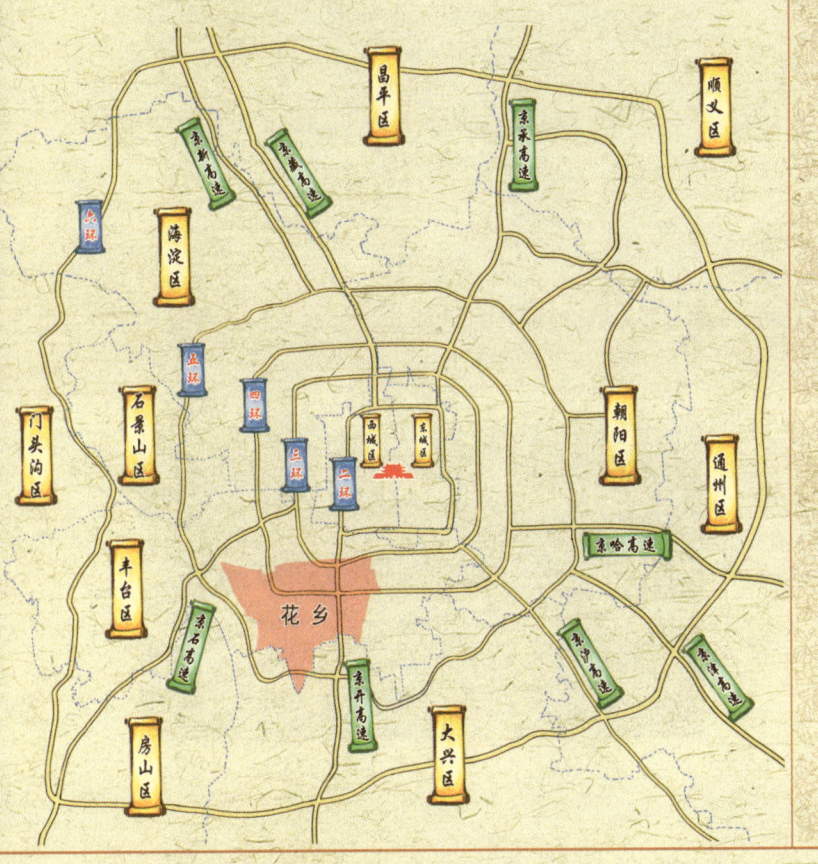

几百年来，北京城在不断变化着它的城市边界，但花乡一带却始终位于京南城外的近郊。清代及以前，它曾隶属宛平县。究其原因，大约是它的土壤地貌，与永定河冲积扇有关。民国时北平市政府秘书处编写的《旧都文物略》，把花乡一带又"绘"入了"东南郊图"中。

那时的花乡，除了曾有过的大片花田之外，还有鲜明的资本主义萌芽特征：它的花厂有字号。在中华大地上还没有《商标法》的时期，它已经在花行群体中，自发地形成了规避同号、相互监督、互相竞争的管理意识，并由此形成了花乡地区值得追忆的两大历史特色。

一直以来，水泽之乡，旷野花田是它的主题。这里水美土肥，花繁香幽，曾引无数达官文豪、富户闲人前来赏花踏青，甚至连清代的乾隆皇帝也不吝屈尊，留下无数传说与轶事，今日拈来仍有余香。

那时，这里无甚屋舍，清清的草桥河流淌在白石修葺的草桥下，树成林，荷成片。这里是皇上御批的花田所在，有小桥流水，有百花争艳，"香闻数里"[①]令人心醉。这里的鲜花"四时不绝"[②]。

花乡的花田里，曾经"载如稻麻"[②]地种着丰台芍药、花乡牡丹、花乡月季，还有花乡茉莉、草桥菊花、花乡草花……花开时花浪翻滚，花谢时落花满地。那时的花乡,即使在冬季,仍能出产"牡丹"——最为金贵的稀罕物草桥塘花,"一瓶值数千钱"[3]!

那时的花乡,花厂林立。民国时期,李家瑞撰写的《北平风俗类征》中还记载,当时花乡"十八村一带的花厂为数在百家以上",且字号繁多,比拼着养花技术,也培训着养花技能,使得花儿匠的职业性鲜明突出,成为需要聘请和外派的工种。

待放的丰台芍药

那时的花田是京城的唯一,那时的花乡是鲜花之乡。

今天的花乡,依然是京城的唯一!放眼望去,无边的花田和婆娑的花影不见了,留下的是史料的记载和花乡人深深的回忆。

感谢花乡原永春花厂合伙人谢淑珍大姐(87岁),感谢花乡樊家村花把式刘焕尧师傅,感谢原黄土岗众兴园林花木公司徐宝群总经理,感谢

北京盛芳园农业发展有限公司刘德君总经理、潘庆辉经理,感谢花乡白盆窑村党总支书记、原天兴花厂传承人于连成先生,感谢世界公园副总经理刘杰先生,感谢造甲村村委会委员季淑清女士,感谢花乡五虎少林会会头郭春杰先生,感谢草桥实业公司王茂春董事长,感谢为本书讲述花田往事和花乡花卉的所有的花乡人。

就让这本《花田往事》重新翻开历史对花乡的记录,就让今天的花乡人告诉你昨天的花田事。

水泽之乡变成总部基地

CONTENTS 目录

引子

第一篇 往事如烟花飘去，乡土依旧情相续............1
　　　　——与花有关的人

　　　挥不去的往事，抹不掉的记忆！人已去，花还在！

一、乾隆
　　盛世育花，花助民安..................................3
　　　❶ 宫中用花的需求，为花乡带来繁盛...............5
　　　❷ 花儿匠，没有职称的技术工种——成为京城必需的职业...12
　　　❸ 宫中插花"对午一换"——用花数量的增加需要
　　　　 花农人口增加..................................20
　　1. 春天里..25
　　　❹ 雍容华贵的花乡牡丹，是皇宫的首选..............26
　　　❺ 丰台芍药，既是牡丹花期的"延续"，又是花乡
　　　　 的地域特色，她，明朝时就出名了................35
　　　❻ 稀罕的黄土岗白桃花，是京城春天里的一绝........42
　　2. 夏天里..45
　　　❼ 花乡月季，盛开三季的北京市花..................46
　　　❽ 花乡茉莉和花乡白兰花——奇香无比的花乡"白货"...52
　　　❾ 花乡草花，一个不能不提的美丽家族..............57
　　　❿ 离不开花儿的四合院，少不了的夹竹桃、花乡石
　　　　 榴树和花乡丁香花..............................63

3. 秋季里 ··· 70
   ⑪ 草桥菊花独占鳌头，装点金秋北京 ················· 71
4. 冬天里 ··· 77
   ⑫ 花乡腊梅和草桥塘花，是宫廷隆冬生活的珍贵礼物 ···· 78
   ⑬ 旧时鲜切花用的生态营养土 ·························· 83

二、朱德
   引领新中国的"花样年华" ······························ 86

第二篇　世人都见水烟乡，谁知翠叶花语香 ······ 97
——与人有关的花

最是那春时花雨落花田！道不尽的翠叶，说不尽的花！

一、好运喜兆揭榜花 ··· 99
   ① 腊梅预告"一岁四翰林" ······························ 99
   ② 芍药揭榜，文渊阁招贤 ······························ 102
   ③ 送别的花束讲究 ······································· 106
二、不会凌乱的女人花 ·· 110
   ① 戴在头上的晚香玉 ···································· 111
   ② 别在身上的白兰花 ···································· 113
   ③ 涂在指甲上的凤仙花 ································· 116
   ④ 姑娘出嫁必备的陪送嫁妆——草桥菊花盆景 ····· 120

第三篇　清风吹散花乡事，繁星细数花叶枝 ……… 125
　　——与花有关的事

　　　　　　　　讲述的历史，把花农的花事记录在案。

❶ 九九寒梅报春来 ……………………………… 127
❷ "孩儿涎"——可是丰台芍药甲天下的"制胜秘笈" … 130
❸ 花田不可更！这是清乾隆四十一年争议的结果，
　 为京城留下"踏青斗草"之处 ……………… 133
❹ 冬季卖花——比冬季养花还难的事 ……… 140
❺ 花乡养育的"芍药花神"张曼殊 …………… 145

- ⑥ 今天还被人称赞的"雪六爷" ················· 149
- ⑦ 早朝退散赏花去，一掷十两为留花 ············ 152
- ⑧ 熏茶的花乡茉莉，夏天秤约（yāo），冬天数朵··· 155
- ⑨ 花乡花儿匠的幸福生活 ····················· 159
  - ——先说"吃"："饺子不炸了都不吃！茶叶不熏了不能喝！" ······· 159
  - ——再说"穿"：花厂老板娘的行头一日三换 ····· 161
  - ——接着说"用"：京城里最早的有车族 ········ 162
  - ——还有"住"：蓝砖盖房才算讲究 ············ 164
  - ——也有惊魂一刻——就怕贼惦记 ············ 166

第四篇 城坊里巷说历史，落叶黄花有人识 ········ 171
——与花"无关"的事

讲究的花会和花乡的名吃，带不走的文化与心愿！

- ① 花乡人的理和礼儿 ························· 172
- ② 花厂兼种的草药和花儿匠的治病秘方——花乡还出"名医" ······················· 179
- ③ 讲究的花会组织——京城花儿匠的文化自娱 ··· 183
- ④ 花乡的头名菜户 ··························· 189
- ⑤ 黄土岗的土和白盆窑的盆 ··················· 194
- ⑥ 槐树、水井、金剪子——明代授命京城花儿匠的传说··· 199
- ⑦ 花乡名吃——有传承的"宫廷菜" ············ 202
- ⑧ 花乡的"圈"——花田也为皇上养牲口 ········ 209
- ⑨ 镇国寺的射草狗与悠久的走桥"健身" ········ 211

第五篇　花雨空濛欲化烟，眼前风物似当年……… 217
　　　　——今日花乡"买"花去
　　　　盛世花乡韦陀在，何愁花神不复还？

① 花神庙的前世今生 …………………………… 218
② 看丹的药王庙和庙会 ………………………… 224
③ 昔日花乡赏花，今日亭馆置酒 ……………… 230
④ 买花宝典 ……………………………………… 235
⑤ 没有院子了——做个楼房花把式 …………… 239

参考文献 ……………………………………………… 247

后记 …………………………………………………… 248

第一篇

往事如烟花飘去，乡土依旧情相续

——与花有关的人

> 挥不去的往事，
> 抹不掉的记忆！
> 人已去，
> 花还在！

花田往事

地理标志文化系列丛书

　　与花有关的人太多，与花乡的花有关的人不太多。大家都认识的有两个人，按姓氏笔画排，是朱德和爱新觉罗·弘历，按年代先后和职务高低排，是乾隆皇帝和朱德总司令。

　　尽管"花乡"这一乡级政府的设立，是20世纪80年代的事，但花乡所辖的"右安门外""前后十八村"，却早在元代就已是"京师养花之所"④。

盛世育花,花助民安

乾隆皇帝,以其亲自到花乡踏青赏花、题写"花诗"、力保花田、倡导花饰生活、对花农多次减赋、大灾之时赈济"右安门外"花农的诸多事迹,被列为与花乡的花有关的第一人。

历史上"身怀杂技"的皇上不乏其人,典型的是宋徽宗,撰写《大观茶论》,手绘丹青,除

(宋)徽宗《文会图》 现藏于台北故宫博物院

第二篇 往事如烟花飘去,乡土依旧情相续

了当皇帝是选错了职业，葬送了江山之外，在茶艺、绘画上则是名家高手的大师级人物。

清高宗也是多才多艺的高手。他是诗人——尽管作品中有许多是打油诗和闲聊诗。他曾有一首《鸡蛋诗》，讨论先有鸡还是先有蛋的问题。

他也是书法家——尽管因政务繁忙令书写时好时坏，技术不够稳定。但他坐稳了江山，在位长达60年。也正是因为乾隆的志趣广泛、遍游博爱，才使得花乡能在乾隆时期成为花田成片、花影婆娑、四季有花、香幽数里、小桥流水的人间花仙地。

宫中用花的需求,为花乡带来繁盛

宫中不可一日无花。从元大都的大内到明清的紫禁城,这一风俗一直延续不变,康乾盛世时期更为突出。花卉成了宫廷生活以及官宦富贾家庭生活中不可或缺的部分。其实,京城百姓家也不例外。由此成就了花卉种植之乡,也成就了花乡的花。

宫廷用花,色彩第一

宫中最喜红、黄二色,这是皇权与喜庆的象征。所以,牡丹和菊花,腊梅与芍药,是当仁不

让的品种。

自元代以后，花乡一带就已经成为京师的养花之所，已有牡丹、芍药、腊梅、海棠、丁香、石榴等多种名花。

从明朝开始，皇宫里的花大多源自城南地区，也就是今天花乡一带。花乡牡丹、草桥菊花、花乡腊梅和丰台芍药，还有花乡月季和草桥塘花，曾是宫内花园种植、盆栽和鲜插花的主要品种。

那时宫里的用花之事及装饰效果，没有照片，史料的记载也不丰富。但是宫里有画师，宫中的花样生活留在了画师们的绘画作品里，让生活在今天的人们省去了阅读文字艰涩的史料的麻烦，从画面上便能对昔日宫廷对花的享用一目了然。

交通不便,让"京花"繁盛,也让"移植"物种兴盛

当年没有今天的便利交通和物流渠道,南方的花卉品种大多被阻断了,难以成为宫中用花之选。但南方的鲜花对宫廷依然有诱惑。产生这种诱惑的,不仅仅是花,当时很多物种都是这样。

(清)郎世宁的绘画作品——插花与静物图——故宫博物院

第一篇 往事如烟花飘去,乡土依旧情相续

明万历年间,南京太常寺卿就有建议,认为每年二月由江宁运来北京的子鹅,因"道远,抵京已非子鹅",而建议由宛平、大兴两县养殖,以确保皇上能享用到"子"鹅!

清初更甚,朝廷大力提倡各地作物和家禽移京城培殖,以便就地取材。花卉也一样。

清代初期是花乡花田形成规模,并不断稳固和扩大的时期

当时花乡不仅培育长江以南的花卉品种,甚至还有西域等地的舶来品种。更重要的是,花乡的花田"耕种"方式,让花乡牡丹、花乡月季、花乡茉莉、草桥菊花和冬季的草桥塘花,在这一时期得以大量种植并自由贩卖。

与此同时，皇室、贵族还有大宗花卉的租摆需求，特别是在冬季。草桥塘花就是当时花卉租摆业务的产物。

当时有一种深深的筒形花盆，也叫牡丹筒，在初冬上冻前，将牡丹栽入筒中，存入花洞子里加温保养，等春节开花时，把花筒擦干净，摆入主顾家中，过了节再把开败了的塘花弄回来栽到地里，春天就是遍地牡丹花了。

也有一部分大户人家，喜欢在冬季享用鲜切花。

花卉较之庄稼，为当地农民带来了更大的生产利益。

这一时期，花乡地区是种如稻麻的牡丹田和连畦接畛的芍药田。春天绚丽的花乡牡丹，春末灿如锦绣的丰台芍药，让当年的花乡成为京城唯一的郊游赏花之地。

那时，花乡的花田就因为皇家园林和私家园林不向市民百姓开放，而成为北京市民郊游、赏花的必需场所和不可或缺的京郊风景区。

从此，花乡肩负起了皇宫和京城一年四季的花卉生产任务！

春季，花乡牡丹、丰台芍药争艳；夏季，花乡月季、花乡茉莉争芳；秋季，草桥菊花独占鳌头；冬季，草桥塘花、花乡腊梅，让苦寒燕地暖色芬芳。

第一篇　往事如烟花飘去，乡土依旧情相续

花儿匠，没有职称的技术工种

——成为京城必需的职业

和这些花一起出名的，还有花乡的种花人。

《钦定日下旧闻考》中说："丰台种花人，都中目为花儿匠。"但花乡人自称为"花把式"。他们成为京城最早的"小时工"和"住家"技工，"出诊"于宫门与王府[5]。

请花儿匠到家养花，使"花儿匠"成为"职业"称谓

当时"各府邸及各宅第亦皆雇有花匠"。到民国时期，花乡花把式受雇到京城各大宅子里养花，已成为常态。而花儿匠这一职业，"每年只有三天假"！他们的工作称为"弄花"，现在叫"园艺"。他们是没有发证、没有职称的花卉技师，今天叫园艺师。

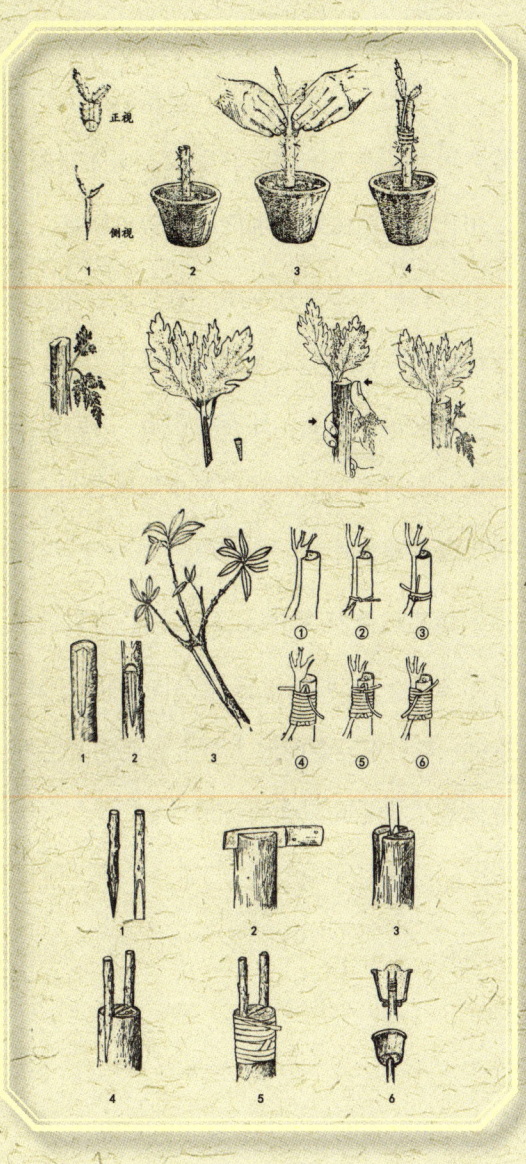

北京林业大学园林系与北京黄土岗中匈友好人民公社合编的《北京黄土岗花卉栽培》书中的专业技艺

第一篇 往事如烟花飘去，乡土依旧情相续

花乡花把式的种花手艺,延续到今天已行将失传。因为,今天的园艺有手段,而无需用手艺了,用化学色剂注射,也能收获蓝色妖姬。

旧时的种花需要有本事、有技艺,所以,花乡花把式的派驻,一直延续到"文革"前。"解放后派往使馆、部委,还有中南海"的,以"黄土岗花儿匠居多"。解放后花乡地区曾被命名为"黄土岗人民公社"。

一幅《乾隆抚琴图》,画出了清宫花儿匠的日常工作。花儿匠正在侍弄图中的主要"对象"——花,不经意间成为整个画面的"主角",充分体现了花儿匠职称的技术含量。

（清）《乾隆抚琴图》
花匠正在侍弄图中的主要"道具"——花，并成为整个画面的"主角"

第一篇　往事如烟花飘去，乡土依旧情相续

宫廷画师为我们留下了珍贵的宫廷花样生活图画

　　宫中无处不生花。"后苑中有金殿,四处尽植牡丹,高可五尺,异卉幽芳,参差映带。"⑥皇上、后妃们都喜欢花。其实,这世上谁人不爱花呢?在《雍正妃行乐图》中,清宫妃子着

(清)《雍正妃行乐图》

汉服，窗下尽植牡丹和芍药，表现了真实的牡丹花种植状况。

在清末时期的"慈安太后画像"中，太后身旁种植的也是牡丹花。

（清）慈安太后像

太后身旁种植的牡丹花

除了宫廷画师之外，古今的许多画家都有用牡丹点缀画中人物生活情景的作品。但是画中的牡丹花几乎都是在阳光下生长的。

"其实牡丹怕晒，要住花阴凉下。"图画中的牡丹多数被画师们"种"在了烈日下，这是牡丹花的艺术升华，就像"锄禾日当午"，是诗人的艺术想象一样。

最有趣的是一幅《雍正观花行乐图》。图中，画师将石缝间都画满了牡丹，巨石后有海棠树和玉兰树。让人惊奇是，牡丹、海棠和玉兰这三种不在同一时间开放的花，在此丹青中，画师们却神笔豪放，让她们统一步调，同时竞放！这幅画既反映了花对皇家生活的重要性，还暗喻了皇上的"法力"！真是赞誉不露阿谀痕迹啊。

但这些真不是花儿匠的本事，要感谢画师。

（清）《雍正观花行乐图》　唤得三花同日开

第二篇　往事如烟花飘去，乡土依旧情相续

宫中插花"对午一换"
——用花数量的增加需要花农人口增加

宫中除了遍地种花植树外,享受插花和盆栽花,也是皇权的象征。民国《旧都文物略》中记载:"清代宫中陈列鲜花,对午一换,勒为定制。"

宫廷鲜花插花的需求,带动了社会中上层的生活习俗

宫外的亲王大臣和富裕之家,也将此视为时尚,各府邸宅第纷纷雇用花儿匠到家,以便"四时养花",随时取用。

为此,花乡当年有大小花厂不下百家,一为花卉的种植,二为花儿匠的培训。

旧京插花,在花乡这一带叫"鲜切花",而且是现切花——"原先都是盆花送去再剪了插瓶里"——鲜切花是这样供应的！可想运送的费劲程度，怨不得享用插花只是皇宫和大户人家的事。

皇宫里四时插花的时尚，一直被倡导到民国时期，不仅居家享用，就连当时的新派商铺——照相馆，也拿盆花和插花作为拍摄道具，迎合顾客。大量民国时期的老照片，记录下了这一事实。

民国时期的照片，盆栽花或瓶插花是讲究的道具

《北平风俗类征》中对当时人们享用鲜插花的生活有如下精彩的描写，说当时的人对芍药等初放鲜花或"採其含苞，围成巨球，或作彩篮，悬之流苏帐中，芳馨四溢，媚趣横生。夜阑梦回，花开枕上，清芬挹人，微和芗泽，益觉春意融融，撩人欲酥矣"。如此美妙的意境，叫人向往。

巨大的花卉需求，让花乡在乾隆年间达到了发展的鼎盛时期——花卉品种和人丁数量增长同步，种花技术和卖花收入增长同步。

"摊丁入亩"政策，让花厂雇请帮工成为可能

花卉和花儿匠需求量的双重增加，使花厂种花人手严重不足。

继康熙大帝宣布"滋生人丁，永不加赋"后，清政府实施了"摊丁入亩"制度，在此我们不评说这项制度的对与错，只了解一下它对花乡的"利好"。

首先，这一政策在清雍正年间得以正式实施。它的颁布让底层贫民可以自由流动，使花乡各

选自花乡插花艺术博物馆

花厂能请到帮工——有人帮忙种花儿了。

其次，它使流动来的许多外乡人因为种花有了吃饭睡觉的地方，甚至有人因为种花脱贫了！

在花乡，直到解放，都有一种说法，"要着饭来花乡，之后当地主"！可见花卉产业的收益之大。

"这样的有好几家，典型的就是黄土岗的蒋二家，发展得最大，"今天的人回忆起来还十分清楚，"那时是要着饭来的，在花厂当伙计，学了养花的技术！之后自己开了花厂！""这儿净是伙计又自个儿买地成了花厂主的。"

乾隆时期是京城花乡形成和巩固花田的重要时期。

说到"摊丁入亩"，还有一件有趣的事，就是我们已"废弃"了的古代银两单位的称呼。

为解决征税计算的精确均衡一事，政府摊丁入亩的每亩征银数（在此不研究具体政策），要精准到"两"后十六位!

大家都知道,白银交易时,"两"后面就该数到钱、分、厘、毫,再往后一般都被忽略不计了,一是绝大多数人念不出来,二是让人觉得过于计较。可国家要算计,否则,这银子的火耗(回炉时损失)将数量巨大,所以,征税衙役得算精确了!

那时"花乡的税务专管员"会告诉你,"两"之后是钱、分、厘、毫、丝、忽、微、纤、沙、尘、埃、渺、漠、虚、澄、清!中医用药的剂量,是否也需要如此精确呢?

小数点后16位——真是清楚精准!不必背诵!看看一乐。

1. 春天里

应季的鲜花繁盛,需要瓶插花,直接剪插就可以了。迎春、牡丹、芍药,还有碧桃、杏花……

其实,这一时期绢花的制作水平已经很高了,也可用来装饰四季,但与鲜花的插花与摆放相比,终究是不一样的讲究。

第一篇 往事如烟花飘去,乡土依旧情相续

❹ 雍容华贵的花乡牡丹，是皇宫的首选

花乡牡丹，是京城里皇宫的首选之花。她那美丽雍容、富贵大气的花型，锦绣绚烂的颜色，使她成为不争的权贵象征。花乡牡丹的成名，源自皇宫在京城。

其实，哪里的牡丹都一样美丽，同属一族！

洛阳牡丹盛于大唐，晓于天下，是由于人们赋予了她的不屈的"性格"与美丽的传说，但路远，运送不便，当时的北京城里见不到她。

今日花乡牡丹

第一篇 往事如烟花飘去,乡土依旧情相续

菏泽牡丹,历史上曾记载,曹州(菏泽古称)牡丹"栽培最盛",明清时期因"山高皇帝远",京城很少有人知晓。可喜的是,"文革"时期,菏泽牡丹曾以药材之名得以保留种植,经过多年的等待,到21世纪的今天总算有了出头之日——花开之时有人来。

花乡牡丹,因为长在北京,因为养自花乡,也因为送往宫里,与生俱来带有皇家的霸气,被人欣赏,被人吟诵。尽管在过去,花乡的花农也会在秋季到曹州去购运牡丹,以解京城冬季和来年的"燃眉之急",但曹州牡丹在京城里长大之后,经露地栽培、上盆、整枝、催花等花艺加工,还是被认作"花乡牡丹"。

牡丹花美,文人最舍得泼墨,赞誉的诗词繁多。但不论文采高低,在众多的牡丹诗作中,乾隆皇帝赞誉牡丹的《牡丹八韵》,当仁不让地被《钦定日下旧闻考》收录:

畹蕙还舒艳，源桃早逊香。

不嫌迟好节，应为殿韶光。

妃子亭边妒，蜂儿蕊底忙。

标名偏许洛，极爱独称唐。

响识金铃缀，阴看锦幕张。

每当花绽朵，常值麦抽芒。

几度忱云汉，何曾命羽觞？

摧陨栏榭畔，孤负众芳王。

第一篇　往事如烟花飘去，乡土依旧情相续

皇上笔下的牡丹花，叫后妃们嫉妒，让帝王怀古。

牡丹虽美花难栽。燕地苦寒，当年花乡牡丹的养育异常辛苦。《春明梦余录》中曾记录牡丹的"主人自言"，对牡丹花，他"经营四十余年，

随意地种植，但依然华丽的花乡牡丹——位于北京南四环外白盆窑

精神筋力强半疲于此花"。在京城养牡丹,"二年芽始苗,十五年始花",但"久则变"。可见当时牡丹培育之费神!

据说,当年有一种叫"芙蓉三变"的牡丹品种,花开"极妖异"。拂晓初开时花如白玉,之后渐

第一篇 往事如烟花飘去,乡土依旧情相续

渐变为嫩黄、鹅黄，到了日照午时，竟有红晕一点，如腮霞泛红染于花上，那妩媚娇艳难以形容。

后来呢？"随着花神庙的消失绝种了！"

今天花乡的花卉专家提到花乡牡丹，依然说"花乡牡丹要栽植三年以后才开花，还是花苞的时候仅5~6厘米，开开了也不过7~8厘米（花的直径）"。想看漂亮的花乡牡丹，"要五年后才能开出（直径）十几厘米的花"。

花乡牡丹花色繁多，以花色、花瓣分都可单列一品，且有时色彩多变。

还有一种叫"荷包牡丹"的品种，花像吊挂的小粉灯笼般排成一串，一枝一枝的，"跟牡丹

荷包牡丹花

的花型毫不搭界啊"？是的，"但它的叶子和牡丹一模一样"，由此得名。原来如此！

扶桑

20世纪70年代，作为少数能种的"革命花"，"花乡种得最多、最出名的，就是花乡牡丹中的扶桑"，红色的，单瓣的。"没让种漂亮的多瓣富贵的花乡牡丹。"不知单瓣的花是否比多瓣的花更"革命"？

多少朝代的风风雨雨,尽管花乡牡丹要养上几年才能开花,但却依然叫人难舍——花乡人说。花乡牡丹的性格和花乡人一样,"舍命不舍花"!怎么讲?"牡丹是死之前也要把花儿先开了"——抵死留下美丽身影在人间,好不叫人怜惜!

自北京紫禁城建成以来,牡丹花就与皇家生活密不可分了。牡丹虽美,但花只仲春开放,花期最长不过十天!此等富丽之花的观赏,如何能四时不绝?

花乡的任务就是为宫里提供"四时不绝"的鲜花。

丰台芍药,既是牡丹花期的"延续",又是花乡的地域特色,她,明朝时就出名了

芍药,因其与牡丹的"绝顶相似",又同属毛茛科芍药属,几百年来与牡丹并称为花中二绝。虽然牡丹为木本,芍药为草本,但她们的花期前后接应,并称"姐妹花"。

丰台芍药,历史上就是花乡一带最出名的花卉特产。"丰台芍药甲天下",从明代起就人尽皆知。

自古以来芍药在花乡一带就广为种植,花乡所辖各村都有。那"连畦接畛"的壮观景象,就是对丰台的芍药田最好的描述。

丰台芍药

也正是因为这里有花田,才使得丰台芍药成为众人皆知的物产。

丰台芍药春末开花,以红、白两色为多,红又分深红和淡红。牡丹谢了便是"婪尾春开巷陌晴"⑨之时。说是春末,其实,花开之时已立夏了,有诗为证:"牡丹虽贵惟春晚,芍药虽繁只夏初。"

此时的花乡,放眼望去,风拂花海,遍野"只有丰台芍药花"!

丰台芍药除了漂亮,还有几个喜人的特点,就是"畏风不畏寒","病虫害较少"⑩,不爱生病,管理简单,更有她平和无毒的药性。

遍地洒白

在花乡的丰台芍药中,白色芍药花最显眼,花朵尤其巨大,洁白无瑕!而当时华北地区产的白芍药,一般都有紫色斑点,唯有花乡的白芍药,花朵硕大、色如璞玉、瓣若凝脂!翰林院的文人们叫她"玉带"，植物书上叫她"洒白"，当地花农就叫她"傻白"。

丰台芍药之洒白

当时，花乡一带的丰台芍药，就以白花芍药为主。其他颜色的芍药花还有淡粉色、大红色、紫色。丰台芍药还有好闻的香味！特别是早年的郭公庄村，遍野都是白芍药，香飘万里，被《光绪顺天府志》录为"花时云锦布地，香冉冉闻里余"。

丰台芍药花色品种很多，当年的花乡还有一个芍药名品"郭公庄红"，现在只能查到她的名字，找不到对这一花卉品相的描述了。而且，现在60岁上下的郭公庄人都清晰地记得，"打小见着的就是成片的白芍药"！

看来，这芍药名品"郭公庄红"，就只能成为历史的陈迹了。

第一篇　往事如烟花飘去，乡土依旧情相续

入药的常识

芍药芍药，当然是"药"。《本草纲目》第十四卷记载到芍药时，这样表述："白者名金芍药，赤者名木芍药"，但这里讲的"白者"和"赤者"，指的是芍药根入药的加工方法，与芍药开花的颜色无关，这可是花乡人都知道的常识。

白芍，是根杆去皮、水煮、切片、晒干后的名称，能养血止血；赤芍，是根杆直接切片晒干后的名称，能凉血活血。二者药性大不同。只是古方中以白芍为主要药物的方子"数以百计"，即使是现在，每年我国的芍药饮片需求量依然有4000吨之多。

古时鲜切花的主打品种

因为芍药是根入药,而且芍药的花头保鲜时间长,所以,丰台芍药还是旧时鲜切花的主打品种。

芍药盛开之时,就是花乡花农最忙的时候。每日上万支芍药剪枝,肩担车载地运往城里集市或人家,若是耽搁时间长了,花的品相就差了,价钱自然也落了。所以,所有的花事都得赶早干。因此也就有了完颜麟庆在《丰台赋芍》中所说的"看花须趁清晓,迟则剪之出售矣"!

京城里离花乡最近的大型鲜花市,是每月逢三日在宣武土地庙斜街的集市,那是花乡人必去的鬻花市场。就在今天的宣武医院,原先是都土地庙的所在。过去,寺庙周边往往形成集市。

宣武土地庙,当时叫南城土地庙,因靠近花乡,康熙年间北京地震之后,原先在广内报国寺的鲜花市,就迁到了宣武土地庙,并成为北京城南最大的鲜花集市，一直到解放。

当时，还有每年厂甸的庙会，也十分热闹，交易物品繁多，唯有花，拉来交易的全是来自花乡的花。

因为有"借花献佛"之说，所以旧京城的大型鲜花市场全部都在寺庙周边，方便寺里和信徒供花。当时京城还有隆福寺和护国寺两个大型鲜花市场。但相当一部分花农还是以走街串巷的形式卖花，这也是当年卖花担子才能享受到的"特许"。

民国以及之前的各个朝代，官府衙门和官宦之家大门外是禁止叫卖的，但唯独这花担子许可在大宅院前和胡同里叫卖，冬季里这更成为人们的期盼。

张恨水先生在《北平的春天》一文中这样描写当时已不是首都的北平，春天里的花样生活："九，十，十一，十二日是东城隆福寺庙会，五，六,七,八是西城的白塔寺、护国寺庙会,三日是南城的土地庙会。""当太阳照人家墙上以后,这几处庙会附近,一挑一挑的花,一车一车的花,向各处民间分送了去。这种花担子在市民面前经过的时候,就引起了他们的买花心。"这买花卖花的景象,恨水老认为:当年就是在"六朝烟水气的南京,也没有这现象吧?"

更有名家认为,"自丰台芍药闻名于天下之后,扬州芍药与洛阳牡丹俱皆成为历史陈迹"。这种说法值得商榷,但在当年的京城确实有这种现象。

稀罕的黄土岗白桃花,是京城春天里的一绝

花乡"花儿匠"的种花手艺,常常会带来新鲜花样!当年被载入史册的白色桃花,曾让世人叫绝。

这白色的桃花,是当年花田里的一绝。但凡颜色独特映丽的新鲜花,一定是花匠心血付出的产物。当然,也会给花厂带来效益。白桃花稀罕,

据载，她为花农带来了"十倍"于其他花的收入。

只是这美丽花枝的销售，没有其他花枝那么痛快——因为贵，多数时候，人们会等到太阳偏西了再去买这宝贝，因为这会儿"花就一律落价"了。即使这样，这奇异的白桃花儿花枝也还是能卖出高于其他花枝不少的价钱②。

再漂亮的桃花若是结不出果来，也是枉然。有了这奇花，会长出奇果来吗？

逐年追述，"黄土岗大桃，那是现在根本吃不到的品种，那个香、那个甜！比久保桃还好吃"，让人想起来都流口水。

一直到合作社兴起之前，黄土岗的龚家、刘家和徐家种的大桃，都是天桥果子市里最抢手的好货，香、甜是出了名的。"秋桃最好！"关键是这几家有种桃的"神秘之法"！

龚家、刘家和徐家都有绝活，"就是要嫁接三次！"他们的桃树因为嫁接次数多了，桃花美丽，桃子香甜，徐家后人现在回忆起来，都还是满口留香的感觉。

可惜，到合作社时，"把桃树都给刨了……"

花乡的插花艺术博物馆作品

2. 夏天里

月季、茉莉、白玉兰,还有各种香花、果木,海棠、石榴、夹竹桃……盛放在花之乡。

7 花乡月季，盛开三季的北京市花

月季在京师的生长，《析津志》中已有记载。花乡月季的大面积种植，是从清代时兴起的。

说是花乡月季，实为早先引进的"我国传统品种"。到清末民初时，爱国华侨吴赍熙先生首次引进二百余个现代月季品种回京，"译者多直译为'玫瑰'，……当时北京人尚不知这月季乃是中国原产，都还称之为'洋月季'"（引自花

卉园艺专家徐志长先生《月季史话》一文)。这些月季因开花时花色繁多,后来在花乡"总称杂色月季"[10]。

花乡月季的可爱之处在于花型漂亮,形似玫瑰,花色缤纷;可盆栽,可鲜切;又因为香,还可"提取香精用"[11],真是千般好处集一身。

不瞒你说,现在市场上出售的情人节"玫瑰"花,保守讲有50%是现代月季花。

花乡月季,最适合在北京的室外种植,立冬

之后还有花。在北京是花开三季，可勉强说是"四季花"，花期可从春末开到立冬！在江南则不同，宋代大家杨万里盛赞她说："只道花无十日红，此花无日不春风！"

史料记载，"月季，花名月月红，以四时长著花也"。尤其是她的粉红色花种，艳丽"虽冬不减"！

1959年，由周恩来总理决定，在北京人民大会堂东门外，建造我国第一个月季园，园内的月季除了"月季夫人"蒋恩钿先生捐出的吴赉熙带回的现代月季之外，一部分来自青岛，绝大部分来自当时的黄土岗人民公社，也就是今天的花乡地区。

1959年的六七月份，蒋恩钿先生亲自到花乡挑选花乡月季花株栽进月季园，使花乡月季在1959年"十一"期间如期绽放，很好地完成了建国十周年的"献礼工程"任务，这是花乡月

季不可忽略的一段辉煌历史。

史料中还有许多关于旧京市井家庭中正月里月季花盛放的描写，一是因为月季花在百年前，市场价格远低于牡丹花；再是因为月季花在京城的隆冬不用特意伺候。

"月季花进不了屋"，种在院里，屋外过冬。这简单随便的越冬方式，也是她在京城大受欢迎的原因之一。

花乡月季的养育，使用扦插、嫁接、压条

的繁殖栽培法,是花把式手艺的比拼。当年花乡月季的花色以红、粉、黄为主,其中粉色的最多也最好。

花乡月季的最大特点是花朵大,这源于花乡花把式在花卉繁殖上的"绝活"——粘、拉、贴、靠!

过去的鲜切花中,花乡月季也是抢手货。

花乡月季做鲜切花,一般"选取半开的花蕾",天然情况下"可保持5~6天"。

经过多次嫁接的花乡月季,品种多,花色多,三季盛开,且花期长,最长的可有30天怒放的花期!

"'文革'后恢复种花,需求最多

的，就是花乡月季。"花乡人种花乡月季有"好手法"，使得花开持久、颜色丰富、抗病耐活。

现在还"留一手"的刘焕尧师傅，不无遗憾地说，我已完成了"花乡月季树"的培育，"幻想"着今后北京的街道上，"种的都是花乡月季树"，花树成荫，三季开花！

如此美好的愿景，为何不实施呢？"没有花田培育树苗。"平平淡淡的一句话，道出多少失落！

现在也有各地的园艺人在种"月季树"，花乡的花把式一语道破："京郊的山上有的是野月季。""那是把野月季根挖回来"做"根本"，在上面嫁接的花儿，外行人还以为是种出来的月季树。现在的人已经没有当年花乡花把式从小月季开始培育月季树的耐心和手艺了。

但是，现在花乡月季的大花品种已经在北京种得满街都是。

花乡茉莉和花乡白兰花

——奇香无比的花乡"白货"

茉莉和白兰花在花乡并称"白货"。白兰花，在花乡被称作白玉兰。这两样"白货"都移植自南方。

因为北京的气候较南方寒冷，昼夜温差大，日照强，所生"白货"都比南方香；又因当时花乡茉莉和白玉兰的产量"极大"，整个京城不分贫富，家家都会享用。用处最大的地方，当然是熏制京城人最爱的茉莉花茶。

香香的茉莉花茶，是北京人的喜好之物，代表着北京生活的味道！花乡茉莉，第一熏茶、第二熏

香、第三插花，旧京的茉莉三用。

茉莉花，"那是专用来熏好茶叶的"。解放前，京城的茶庄都在茉莉花开的季节，派人住到花乡，摘完花才走。"京城几家有名的茶庄，像张一元、吴裕泰，一个不落"，一直到人民公社之前，连"天津中茶公司的人都来花乡"，"就等着摘花"。

"原先他们去南方拿茉莉花，要用10斤的花，拿花乡茉莉，就用5斤啦。"想来，这花乡茉莉得有多香！引得"南方的茶商采茶后都到北京来窨制花茶"[12]。

茉莉花，不仅香，花期还长，从春末到秋末，三季有花，而这花乡茉莉，一年能开四季！春、夏、秋三季时，花儿便宜，家家都拿她当熏香，

可到了冬季,因为草桥塘花专供宫里,且价格畸高,于是,"贵戚倡家插茉莉花"②,这花乡茉莉的鲜切花,就成了京城官宦之家冬季插花的主打品种。

但那时"冬季茉莉花的插花保鲜,只能靠水",还是"放在白菜根上保鲜,最多三天"!也就是说三天一换。看来京城冬季,花乡茉莉的鲜切花用量还真是可观,"50支一捆地卖"!

花乡的白玉兰也有此用处。花乡一带的白玉兰有两种,一种是今天北京都能见到的大白玉兰树，潭柘寺内、新华门两侧的长安街上，像是报春花一般，最先预告着京城春天的到来，这树在花乡被叫作"二乔玉兰"。

花乡人说的"白玉兰"就是南方常见的"白兰花"，也是常绿乔木，树在地下部分就有2~3米，但花小，花乡人又叫她"鸡爪兰"，北京人也叫她"棒儿兰"。因为是南种（zhǒng）北种（zhòng），所以这花乡白兰花"特别娇气"！非得酸性土，还得"用酱渣子做肥"！

开花时，花朵完整好看的，摘下来用铁丝穿上，拿到城里去卖，大姑娘小媳妇别在身上当香水使，放到花儿干了都是香的。

树上剩的"长得不好看"的白玉兰花朵，就摘下来熏茶，"那茶熏出来，香极了"，"香臭香臭的"，"完了（liǎo）再熏一遍茉莉花"，"茶叶（品质）就变好了"。

漂亮香腻的"棒儿兰"，因为太难种，在京

城只有花乡地区种植。

"文革"开始后,花乡的花成了被革命的对象。在"砸烂花盆闹革命"的年代,"视鲜花为毒草",花乡白货遭灭顶!

"所有的茉莉花全部拔掉","全部扣盆"!

"原同春花厂108棵都长成20多厘米粗的玉兰树(花乡白兰花树),也锯倒了",成了盖房的檩条!原本只适合在南方生长的白兰花树,在北方能长成20厘米多粗的"参天大树",实属不易!著名花卉、园林教授徐志长先生看到这里,也称其"当属'文物'",并书"古树名木"四个字。花乡白兰花,在当时的京城可是独一无二的。

一场"文化大革命",让花乡白兰花在京城绝迹!

❾ 花乡草花，一个不能不提的美丽家族

印象中，各种美丽的花卉，好像只属于有钱有闲的人，因为这花儿费钱、费时、费劲，还不好伺候，弄不好就死给你看。但这只是外行人的看法，花乡花把式从来都认为"没有不好养的花"。考虑到大众的需求，花乡的花把式还是侍弄出了没有上述缺点的美丽花卉——"花乡草花家族"，供人观赏把玩！

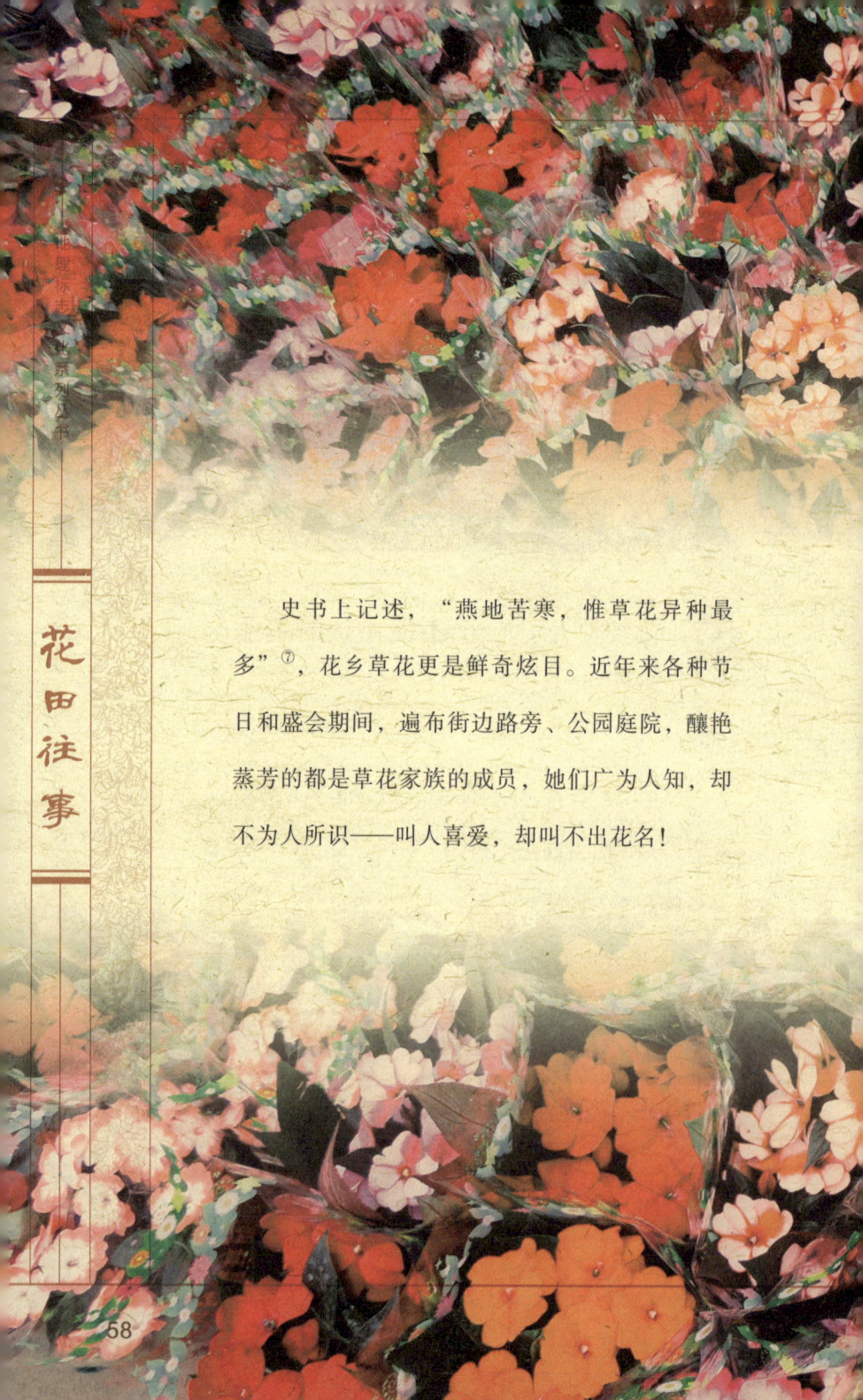

花田往事

史书上记述,"燕地苦寒,惟草花异种最多"⑦,花乡草花更是鲜奇炫目。近年来各种节日和盛会期间,遍布街边路旁、公园庭院,酿艳蒸芳的都是草花家族的成员,她们广为人知,却不为人所识——叫人喜爱,却叫不出花名!

花乡草花品种繁多,是色彩鲜艳的盛夏伴侣。

旧时,花乡草花的最大功能不是城市绿化,而是迎合百姓。皇上达官去爱牡丹了,富贾人家去买插花了,这草花像是专为平民百姓准备的——便宜好活!

第一篇 往事如烟花飘去,乡土依旧情相续

从明代开始，花乡草花就一直价格低廉，而当时花乡花把式的诚信销花，还能让草花长时间竞放。今天，只要买花乡人卖的草花，仍能摆上好多天不凋谢。

乾隆年间，在南城土地庙（今宣武医院附近，现已无存）的花市上，就有盆栽的花乡草花卖，价格十分便宜。但"还有更便宜的"，是"只带土坨的草花"，连花盆钱都免了，极少的碎银子就可买回家，随便种在院里屋旁或是废瓦罐里，就能"点缀平民百姓家的窗台小屋"[8]，这使花乡草花愈发地招人待见。

花名：仙客来、萝卜海棠
属球根，草本花卉，盆栽

第一篇 往事如烟花飘去,乡土依旧情相续

其实，芍药、荷花这些被视为高大上的品种，植物学家也把她们并入"露地草花"类，宿根，这一家族的生长要素，据说是"土"！要选"不含盐碱的砂质壤土"[⑩]。花乡，正是她们的最佳住所。现在，花乡的草花能点上名的就有七十多种。

现在市场上的盆栽草花，多为宿根、球根和多年生草本植物。

今天的花乡草花，除了装点京城节日景色之外，还有一项重要作用，那就是，为那些喜欢花，却总能把花养死的人们，提供便宜的可供观赏的家庭试验品。

您不妨也到花乡来"拿"几盆！

离不开花儿的四合院，少不了的夹竹桃、花乡石榴树和花乡丁香花

北京城的四合院式民居，最是离不开花，且不论贵贱贫富。北京人的四合院，不论城里还是乡下，必定要种花栽树。

在京城，平民百姓家里选花，会选在京师易于种养、价格便宜、既能观赏又"实用"的品种栽种。比如丁香、海棠、石榴、杏、枣、葡萄、夹竹桃，还有草花，即便不请花儿匠，自个儿也能伺候。

在我国已有上千年的栽种历史,但被花乡人叫作洋桃

她就是夹竹桃,花乡人也叫她柳叶桃或洋桃,是从春开到秋的京城花树,植物学家称她为"常绿大灌木或小乔木",和石榴树一起,是北京人必定要在四合院里盆栽的。

张恨水在他的《翠拂行人首》中这样描述当时北平人家的四合院:"北平任何一所房子,都有点艺术性,不会由大门直通到最后一进。""必须有石榴树、金鱼缸,以及夹竹桃、美人蕉等等

夹竹桃

盆景，都陈列在院子里。"但关键的是张恨水先生紧接着写的一句话："记着，这并不是富贵人家"。他接着写道："你勤快一点，干净一点，花极少的钱，就可以办到。"看来，美化家庭，其实很简单！

说到这夹竹桃的盆栽，是因为她"性畏寒，入冬必藏之室内"，盆栽能让搬动更加便利些。

这开花三季歇一冬的夹竹桃，也令清乾隆皇帝诗兴大发，他有一首《夹竹桃诗》这样写道：

竹比丰标桃比芳，因风只少透帷香。

河阳县里玄都观，仿佛刘郎会阮郎。

这就是乾隆皇帝的亲民之处，他除了"微服私访"之外，还有对京师百姓所爱的各种花儿的吟诵！只是这首《夹竹桃诗》中提及的刘郎游玄都观的遗憾，不知表达的是皇上力保百姓安居乐业的决心，还是他要保住京城花田的决心？

花乡丁香花

再说花乡丁香,也是京城遍布的品种,只是花乡丁香特别香。

旧时的花乡,史书上多记以"草桥",几乎家家院里都临窗种几棵丁香,草桥一带尤盛。又因为花乡丁香太好活,冬天里也搁外头,"大不了来年再插几棵"——体现出花把式的霸气。而这花乡丁香,也不负养花人,夜里也香。

白丁香

花乡丁香花分为两色，一种白丁香，一种紫丁香，两种丁香花都是白天更香。

乾隆皇帝也爱丁香花，还发现了白丁香比紫丁香香的事实，于是御题一首《戏题紫白丁香诗》：

同是春园百结芳，紫丁香逊白丁香。

山人衣好僧衣俗，郑谷清词趣独长。

除此之外，乾隆皇帝还有《晚荷曲》、《栀子花诗》、《紫藤诗》、《早桂诗》、《晚香玉诗》、《金钱花诗》和写什样锦的《老少年诗》。显然，乾隆皇帝深知花助民安的道理。

好看实惠的花乡石榴树

花乡石榴树，那是京城说花必不可少的！"石榴，看花吃果子！"这是花乡孩子们的最爱，也是老北京四合院里一定要栽种的——不论贫富贵贱，因其有多子多福的寓意！

花乡石榴树,有种院子里的,有盆栽的。花乡石榴有个特点,"开什么色儿的花,就接什么色儿的果"。

花乡石榴树,开出过四色花,但最多、最普遍的是"红色和黄色的"花,"结的果都甜"。

奇的是,花乡石榴树还能结出黑紫色和白色的果。

花乡石榴树还有开紫色花的,和白桃花一样极少见。"花好看,果子是黑色儿的,但不好吃",所以没人颂扬。

花乡"还有白石榴,那可少,最稀罕"!《帝京岁时纪胜》里有记录,说"白子石榴者甘如蜜蔗",不仅皮白,里面的籽儿也白,最可人的是甜。怨不得乾隆皇帝有《题白石榴二首》诗：

尽把缃囊换绛囊，临风薄粉试梳妆。

相逢似在瑶台夜，不辨花光与月光。

又，

一种风流澹处宜，槛窗清绝晚凉时。

东山少傅今犹在，羽扇纶巾看著棋。

最是这句"不辨花光与月光"，道出花乡白石榴花的媚丽。想来，这白色和紫色石榴花，大概也是花乡花把式"粘拉贴靠"的结果吧。

旧时，花乡石榴树除了供应北京城里的四合院之外，花乡各家院子里也都有种。但"石榴果子大人不让吃，得有珍贵的客人来了才能吃！"可怜的孩子！种石榴的吃不到石榴。

要知道，那会儿花乡一带一直有一种说法，叫"卖炕席的睡土炕，卖扇的手扇凉"。越是亲手制作的东西，自己越舍不得享受。

3. 秋季里

菊花是最耐秋的,也是京城秋天的主打花卉。

⑪ 草桥菊花独占鳌头,装点金秋北京

草桥菊花又称"九花",在九九重阳节时最盛。据《燕京岁时记》载,京师菊花有百余个品种,而今天,草桥菊花的品种已不下千种,花型俏丽,花色明艳。

其实，草桥菊花一直都是秋季北京人的最爱。上至宫廷，下到百姓，与贫富贵贱无关，几乎家家都要摆上几盆。重阳敬老，重阳登高，重阳迎霜，重阳赏菊！京师金秋的所有活动，菊花都是躲不开的景。

秋菊盛开之时，花乡草桥一带有民间自发的斗菊会。届时，要"列菊花数十层于屋下，前者轻后者轩，望之若山坡，五色灿烂，环围无隙"，这前低后高地密实摆放的层层菊花，"名曰花城"。②

草桥的斗菊风俗，一直延续到今天。现在每年秋季都会举办的"草桥菊花擂台赛"，声势更加浩大，吸引了国内外无数花厂前来参加，已经形成以"草桥菊花"为龙头的全国菊花联展，盛况空前。北京南四环的花卉大观园，成为金秋北京的最美景点之一。

民间如此，宫中也一样。而且，赏菊风俗从元代就开始了。《析津志》中曾记载，每年农历八九月，皇宫都要举办"宫中菊节"。以后各朝

（清）道光帝《喜溢秋庭图》
秋菊盛开，花几上的瓶插花更添雅致

(清)陈枚绘《月曼清游图册》之《重阳赏菊图》
宫中嫔妃在"宫中菊节"时,赏玩长到肩膀高的"草桥菊花"

代,宫中也延续了这一习俗。

草桥菊花的美,各种史料已不吝笔墨地描述了许多,她的突出特点,就是品种繁多、花型多姿、花朵硕大、俏丽诱人、色彩鲜艳!但少有人知"草桥圃人"培育草桥菊花的辛苦!

在《光绪顺天府志·食货志》中,曾有对草

第一篇 往事如烟花飘去,乡土依旧情相续

桥种菊人的描述,"废晨昏者半岁","种菊之法,自春徂夏,辛苦过农事"!这些全因"菊善病"[②]而致。美丽背后的辛苦,可见一斑。

草桥菊花的诱人之处,在于她的花型、花色变化多端,每年不同!这种博彩似的种植成果,叫人对她爱不释手。旧时的草桥菊花,主要供京城的鲜切花和盆栽花之用。

4. 冬天里

燕地寒冷，大地肃萧，

能令人欣慰的，唯有鲜切花。

花乡腊梅和草桥塘花,是宫廷隆冬生活的珍贵礼物

花乡腊梅,明黄色!"做成的盆景、瓶插花可漂亮了,以前往宫里送。改革开放后恢复种植,一直到20世纪90年代初",花乡腊梅都是冬春季节的最雅插花。

现在运输便利了,南方的花卉大举北上,已经没有人在寒冷的冬天再去执泥花乡自产的花了。

但早年不是这样,冬天的宫里,除了腊梅,也没别的花。花乡腊梅虽然黄得艳丽,但也还是单调一色,草桥塘花的出现,让宫里在寒冬腊月和大年初一,也能观赏到珍贵暖人的牡丹花,这是最令宫里人愉悦的事了。想来,这第一个引草桥塘花入宫的人,一定该拿到赏赐的。

草桥塘花,原指人工控制花期的牡丹花。每

年深秋霜降之后，花乡草桥一带的花农，就将拣选好的牡丹花移入地洞子，四周用火"熏烤"、燠煴，有温度无烟火，经过"粘拉贴靠"的全活儿，使牡丹提前至春节开花。

这种煻花，耐寒喜阴，因花朵小，所以花期能持续一周，在隆冬的北京，有炉火的屋内都能存活。外行人都认为，这不就是今天的温室大棚吗？答案：并不是！

草桥煻花，指的是"每逢春节时，宫廷用的"牡丹花，原是专供宫里享用的，送到时"要含苞待放"。其实，草桥煻花是盆栽的牡丹花。

第一篇 往事如烟花飘去，乡土依旧情相续

草桥塘花从催花到运送,都十分讲究和困难。

栽培的关键是催花。草桥人家用塘花地洞子,"借土气火气相半"③,湿度、养分恰当,昼夜精心看管,使植株处于开花的准备期,一旦有花苞结出,就要准备取出,之后运往宫中。

草桥塘花,只在冬季开放,颜色较艳,花朵略小,也叫"烤牡丹",是用"草桥一带专门"的手艺培育出来的另一种牡丹花。

草桥塘花曾为花乡花农带来过巨大收益，只因技术难度大，草桥塘花的数量始终很少。有资料记载，"过去刘寿宽老人专搞烤牡丹"。

草桥塘花在"地洞子"里的培育技法，与温室大棚的种菜技术很是相似。从汉代开始，中原就有冬天在地窖里"种葱、韭菜"等"菜蔬"的做法，但"未尝养花木"。

当时，曾有人想用此反季蔬菜进贡讨好，但被召信臣以此类蔬菜为"不时之物，有伤于人，不宜以奉供养"的理由罢奏，于是，旧时民间还是以应季食物为食。

草桥塘花品种的培育成功，始于明代中晚期，兴盛于康乾时期，成为当时京城冬季的名贵花卉。

今天的花乡人会告诉你，"草桥塘花就是冬天的花"，"就是牡丹花样，多瓣"，"颜色有红的、粉的，花儿富贵漂亮"，"早先宫里冬天专要草桥塘花"。那时"往宫里送，也往城里官宦和富贵人家送"，"送去的路上可讲究啦"！

草桥塘花的运送和售卖是最难的事，也正因如此，才使草桥塘花在当时极为金贵。

草桥塘花在隆冬将尽、新春佳节到来之时，为宫里带来的喜悦，看看乾隆皇帝的塘花诗就知道了。

塘花，好多书上也作"唐花"或"堂花"，大都是因着不知实情而误传的。乾隆的御题《戏咏唐花》诗，这样写道：

烨煜裒裒万芳新，巧夺天工火迫春。

设使言行信臣传，怜他失业卖花人。

草桥塘花，因"火迫"带来的隆冬之美，后来被广泛延用到各种花卉上，但因没有更多的新品种产生，也就让草桥塘花更加叫人稀罕，她是冬天里绽放在几案上的富贵之花，是盆栽的鲜切花。

旧时鲜切花用的生态营养土

旧时,在没有营养土的岁月,鲜切花如何保鲜?这是个十分令人好奇的问题。在几案上能放上一瓶鲜切花,那是除了宫廷之外,连富庶之家都稀罕的奢侈品。

那时即使是在宫里,也没有今天的营养土,没有各种观花、观叶的化学制剂,鲜切花全凭花把式的手艺!

(清)《同治帝便装图》
皇上身边茶几上的瓶插花

直到20世纪80年代前,插花技术还取决于花儿匠的剪枝刀法和加水技法——第一刀和之后每日的再修剪加补水,对鲜切花花朵持久都是至关重要的,而花性不同,日后的护理一直是个难题。

　　但最关键的,还是插花赖以生存的"土"。旧京时的鲜切花如何插放呢?告诉你,这秘密武器竟是夏天里用萝卜头、冬天里用白菜根!它们就是那年头运送和保鲜插花的营养土,是鲜切花的应季全生态保鲜"土"!

（清）乾隆帝《雪景行乐图》

看看乾隆皇帝在冬日的圆明园里享受天伦之乐的情景：脚下火盆、庭前盆栽、几上插花，好不雅致。

引领新中国的"花样年华"

新中国成立后的五年里,京城的中山公园、北海公园等园林,多次举办各种花卉展览,展现着人民当家做主人的欢乐心情。

花乡大白玉兰

花乡的花农们，正在进行公私合营的"运动"，但同时也积极参加各种花展。因为京城的花展，从来就不能少了花乡的花。

1954年4月，中山公园举办花展，花乡送展的春季花卉格外引人注目，特别是花乡樊家村培植的白玉兰，代表花乡的"白货"参展，受到了朱老总的赞誉。

第一篇　往事如烟花飘去，乡土依旧情相续

大丽花

　　没过几天，朱老总就派人打来电话，邀请花乡的花把式到中南海做客，还亲手将自己培植的大丽花送给了花乡。莫大的荣誉，让花乡人记忆至今，只可惜今天已经见不到那花了。

　　朱老总的爱花之举，着实掀起了京城的养花热潮。

　　之后，花乡许多花厂的技术能手，都出入过中南海、中央首长家、大使馆、京城各大机关、部委及各种需要花的重要场所。

京城的各种应季花展也不断举行。全京城的人都知道,中山公园、北海公园的花展最频繁,规模也大。

1955年秋,花乡人又参加了在中山公园举办的"菊花展览"。那次花展规模空前,引得张恨水在《游中山公园》一文中,不惜用大量笔墨加以描述:

"本来菊花会,以往在京城私人方面也常举行,不过盆数不多,收的种子也不齐。1955年

中山公园菊花展览，有几千盆之多，就在社稷坛上，用芦席盖了个蔽风雨之所。有多大呢，直有五十步长，宽的上有百步那么宽。"

关于花展上的菊花，张恨水先生这样描述："……用大盆栽着菊花，花是肉红色，将花编得一样齐，一盆一个字，合起来乃是'菊花展览'四字。

"站在社稷坛上一望，只觉红的、白的、黄的、紫色的，绿叶托着，一层又一层，摆得有五六尺高，真是万花竞艳，秋色无边。"

这次菊花展，花乡送展的最漂亮的就是晚菊。漂亮的花乡晚菊长什么样啊？"有下垂的长拉丝儿的大菊花"，"小孩们叫她大胡子"！"这是草桥菊花的代表"，也是草桥菊花中最漂亮的品种，有黄色、白色、紫色，是花乡的"品种菊花"。

历次菊展都让京城欢乐。朱老总最爱花，抗美援朝战争结束后，面对京城金秋的菊花，朱老总曾大抒情怀，题诗道：

菊花独立树枝头，玉骨冰肌眼底收。

待到和平共处日，愿将菊酒解前仇。

后来，"政府一有活动就到花乡，在各花厂看，谁家的花长得好就拉走"，各花厂都为此争先。新中国刚成立不久，花乡所有的花厂都以此为荣。直到 1964 年友谊商店成立时，还到花乡来"拉花"呢。

再后来，"就热衷各种运动、热衷扩大粮食生产，花展就不办了"。到了"砸烂花盆"的

"文化大革命"时期,带有"资"(本主义)色(彩)的花卉,就要求全部覆盆,花乡的许多花就此绝种。

一直等到改革开放,花乡的花卉事业才得以重振雄风。

"月月太平"

不能不提的是花乡太平花！这是一种开白色小花的灌木植物，特点是特别香，名字寓意好，花朵聚集开放，煞是美丽。直到民国时期，太平花都是紫禁城御花园绛雪轩前种植得最多的吉祥花。

20 世纪 80 年代末，中山公园作为京城观赏花卉的皇家园林，工作人员希望在进门处用花营

太平花

造出"月月太平"的景象，花木就选定为月季和太平花。

但那时"花"业待兴，除了花乡月季易得，遍寻不到太平花。刚解禁的花卉业，好多花卉连种子都找不到，更何况太平花需要扦插和分株。无奈之下，公园的工作人员抱着试试看的心态，问了花乡，恰巧黄土岗众兴园林花木公司有！这花乡太平花，着实解了中山公园的大难！

月月太平！多好的祝愿！让盛世再现！

第二篇

世人都见水烟乡,谁知翠叶花语香

——与人有关的花

最是那春时花雨落花田!
道不尽的翠叶,
说不尽的花!

康乾盛世使花乡一带的养花之事成为产业，正式记入国家级档案史料。《钦定四库全书荟要·春明梦余录》中，翔实记述道："今右安门外西南，泉源涌出，为草桥河，接连丰台，为京师养花之所。"

花乡，旧时京城的种花之地，水泽之乡。这里有花田千亩，这里花开绚烂，这里是旧京最美的赏花去处。这些都已被文人墨客用诗记录和描述了。可是，诗人们是否注意过，花乡的美丽鲜花还有观赏之外的"特异功能"。当鲜花附加了人的情感时，花儿就成为人们日常生活中不可或缺的东西，而不仅仅只是装饰物了。

这里有几件有据可查的真事儿，让人仿佛能嗅到花语的馨香。

一、好运喜兆揭榜花

 腊梅预告"一岁四翰林"

当年"腊梅报喜"之事,在京城可算是传得沸沸扬扬的奇闻。

那是康熙年间的事,安徽人施闰章,原只是个少参,受荐举进京候试,心中兴奋而忐忑,寄宿城南郊外旅店。本次和施少参同时被荐举候试的,还有三位同乡,分别姓高、姓孙、姓茅,那三位也都是四科取士取中的能人。

四人中只有高生与施少参同住一店,相邻而居。孙、茅二位则寄宿城内。

此时已进入四月（阴历），京城的天气也已转暖，殿试日期将近。

这日无聊，施少参又在云楼上漫步，无目标地看着楼下的景致。这一看不要紧，只见楼角处那树老梅，竟忽然在这四月天开出四枝梅花，色彩艳丽，奇妙至极。

细看这四枝梅花，一枝直直地探向施少参的房间，一枝弯向住在南房的高生，还有两枝面向城内，那是孙、茅两位寄宿的方向。四月梅花开！

这是什么兆头呢?

不日殿试,邸报很快送到,施少参晋升翰林院侍读,他那三位同乡也在翰林院入职,成为高检讨、孙编修和茅编修。

这一年,京城老梅四月开,预报安徽籍一试四中!这一奇事后来被史料记为"一岁四翰林,果符四花之兆"。

这株腊梅,后来也成了人们问卜的花神了。

第二篇 世人都见水烟乡,谁知翠叶花语香

芍药揭榜,文渊阁招贤

花能预兆好事?"其实,是花都有灵性",因为花有花神——这是花乡花把式的一致认识。

乾隆四十一年,文渊阁修葺完毕,在院内种了一株淡红色的芍药,花开得漂亮,只是显得太孤单,于是,花儿匠又在两边各加种了一棵,左边是白色的,右边是深红色的。但自这两株花移来后,三株芍药就都不开花了。

又过了一年,中间的淡红色芍药终于有了花骨朵,可是另两株还是没动静,一副惺忪未醒的样子。

终于盼到春末时分，淡红色芍药开花，但只开了四朵，众人欣喜。可是好景不长，原本可以怒放七八天的芍药花，不过三日便谢了三朵，令人好不失望。这下只剩一朵芍药花在文渊阁院内摇曳。

不久，录试了四名侍读学士，官为从五品。

再说那朵孤单的芍药花，竟开花近月还在枝头坚守。而新来的侍读学士经过试用期，只留用了叫李贤的一人。

整个过程，芍药像神仙般准确预测，太过离谱！令众人称奇！

事情还不算完，侍读、侍讲岗位不可空缺，来年继续招聘。

第二年开春，李贤的八位好友待试，各自心里焦虑，于是八人找到李贤，相约立夏日到文渊阁赌花卜命。

立夏日当天,原定的八人中叫倪谦的突患足疾,不能前往,李贤只得带那七人先入园。八个人各自怀着不安的心情,远远地就看到三株芍药都有花开,众人进前细数,恰好八朵!于是,众人就像已被录用一样,人人心中欢喜。

晚上,众人一起去倪谦处探望并庆贺。闻听此事,倪谦哪还待得住,执意央求众人明日陪同他再次前往。

第二天,园中盛开的八朵花依然艳丽,更奇的是,竟真有一朵新绽之花!众人不信,再次细数,果然盛开了九朵!白如玉的,红似火的,九朵花九个人,大家欣喜舒心无法言表!

李贤提议为这通达人性的芍药起名,博得大

家一致赞同！于是，这芍药花便有了今天的名字：左边白色的那株名"玉带"，右边深红色的名"宫锦红"，最是中间的淡红色芍药名字好听，李贤最为用意，韵味十足地叫"醉仙颜"！三株芍药从此流芳百世，在京城遍植。

这一年，倪谦等八人全部通过录试，与李贤成为同事！

从此，芍药花名声大振！百姓们入不了文渊阁，花乡的"丰台芍药"就成了预示学子们运兆的花神，和着开春踏青赏花的游人，芍药花田成为花乡的地标景致。

第二篇 世人都见水烟乡，谁知翠叶花语香

③ 送别的花束讲究

喜庆送花、迎人送花、探望送花，这些像仪式般的礼节，越来越被现代人追崇。而送花这一中外都有的礼仪，我国早在晋代时就已风行，并有详细的记载。

因此，明清时期的花乡有送别时送花的讲究，已不足为奇，它是中华民族心性内敛重情的表现，

第二篇　世人都见水烟乡，谁知翠叶花语香

是品位，是情趣，是心和花交流的文化！

送花不难，关键是送什么花。送错了花还不如不送！

离别送花，最能表现中华文明的悠久、深远，最能体现人的心性情怀。但离别送什么花呢？

晋代《古今注》中曾有记述："牛亨问曰：

'将离别，相赠以芍药者何？'答曰：'芍药一名可离，故将别以赠之……'"

此外，《本草纲目》中述芍药别称"将离"！

于是，芍药花肩负此重任，几百年来传递着人们的内敛、儒雅，以及礼节和情谊，别离时的千言万语，全部寄情于一捧芍药花！几百年来，花乡人最懂这花中的情谊。

芍药花，无论是宫锦红、醉仙颜还是白若凝脂的玉带，都可用来表达你不同的送别心情。她会让你的别离之愁变成希望的动力，她会代你告诉人们，世界是美好的，让心情快乐起来！

二、不会凌乱的女人花

女人是花、女人似花、女人伺花。女人是与花连在一起的名词,也是让每一枝花表现美的承载者。

❶ 戴在头上的晚香玉

你若不知道晚香玉，夜来香你一定听说过。其实，说的是同一种花。

花乡的晚香玉有白色和淡紫色两种。和丁香花一样，"紫丁香逊白丁香"，晚香玉也是白花香气更浓！

晚香玉在明末清初时就由西洋引进，到清末时种植已较为广泛了，但《光绪顺天府志》依然记载，其因"种出西洋"而十分"金贵"。

那时花乡晚香玉的两色花中，白色花多为单瓣，每个花莛着花二十几朵，从立夏开到三伏天，花朵能八天不蔫儿。而淡紫色晚香玉每个花莛竟能着花四十余朵，从"小暑一直开到大地封冻"，那花朵竟能一个月不谢！真真儿的花团锦簇，香飘满天！

开花时,姑娘、媳妇儿们会掐下那紫色的晚香玉花,用发卡或簪子别上,插在耳鬓后面,随着转头,让那花时隐时现,也叫那香气若有若无,煞是撩人。

明清时期,女人们能戴在头上的鲜花已不少,但唯有这晚香玉香气可人,连乾隆爷也对其另眼相看,御笔题诗道:

西域传来贵似金,繁滋簇簇满墙阴。

晚纫骚客幽兰佩,闲掠佳人白玉簪。

名状标题应入疏,画图省识尚沉吟。

寻常悟得香中谛,是卉皆成蘑卜林。

晚香玉

❷ 别在身上的白兰花

　　白兰花在长江以南地区不是什么稀罕物。直到上世纪末,江南大街小巷、菜市场周围,还一大早就有老太太挎着大扁篮子,上面用泅湿的白纱布蒙着,一层一层的,下面挨个码着一小串一小串的白兰花,都用白色的缝被子粗线穿好了,三五朵为一串,叫卖着"白兰花要哦? 白兰花!"

　　20世纪70年代,在上海这样的大城市,白兰花也不过5分钱一串。大人们去买菜时,家里有小姑娘的,必是每次都要捎上一串带回来,把那细线在胸前第二个扣子上绕两圈,花朵垂挂着,走到哪都是香的,叫人觉得美美的!

　　但这白兰花,在京城可就不一样了。先是这"白货",只产于花乡一带,京城其他区县不种,在花乡她叫"白玉兰";再是这白兰花树的栽培、种植极其娇气;三是白兰花树长在京城后,花朵

别在身上的白兰花

竟也坚强到要用细铁丝来穿！但最值得称道的是花乡白兰花比江南的香！

花开时节，花农们把那没有残边的、花瓣尖上不发黄的好看的花儿小心摘下，用细铁丝穿上三五朵，一串一串搁小花篮儿里码好，再放花担子里挑到城里去卖。花乡的姑娘们，会给自己也留一串，别在领子边搭肩的盘扣处，又香又别致。

还因为花乡白兰花比江南白兰花香，京城里卖的最讲究的棒儿兰花，是在每朵棒儿兰莛上再穿一个茉莉花骨朵。把两串这样的双白花绕在一根细铁丝的两端，铁丝居中拧个小圆环，可挂扣子上，棒儿兰花朵向下，幽香漂亮。

令人骄傲的是，花乡这一双白花的穿法，建国后竟被设计师们用在了人民大会堂门前左右两侧的华灯上。

人民大会堂东门外灯座

京城的春天，气候干燥，那花别在身上干了也香。那些卖相不太好的，或是当天没卖掉的，小媳妇们会把铁丝去掉，抓一小撮放在小孩子的口袋里，成干花了还是香香的。

棒儿兰和茉莉的双白组合，成了设计师为人民大会堂门两侧设计华灯造型的灵感

第二篇 世人都见水烟乡，谁知翠叶花语香

涂在指甲上的凤仙花

学名叫凤仙花的透骨草，就是那个被俗称为"指甲草儿"的宝贝。这花是最好养活的一年生草本植物，五月份开花。花乡人家会很随意地把她种在屋边或旧花盆里，留给家里的姑娘、媳妇儿"臭美"用。

用凤仙花染指甲的历史由来已久，一般都认为大唐时期就已经有这风俗了。

花乡人家的指甲草儿，有两大用处，染指甲是必须的，还有一项任务，是驱虫！看来，花儿匠家的花花草草，样样有用呢！

花乡的姑娘染指甲，就直接把花捣碎了，压出汁儿，拿头簪子挑着抹在指甲上，等干了就行了，"鲜红透骨"，"经年不消"。当然这"经年"说得有点过，但好多天不掉那是真的。

到了民国初期,城里的女人会在指甲花里加上明矾,一起捣碎,之后把这烂东西用发卡挑到指甲上堆着,待色儿染上后把烂花泥去掉,指甲干透就好看了。

在民国中晚期时,外国的化妆品传入中国,京城里有写着洋文 cuter 的指甲油卖,翻译为"蔻丹"。于是,京城妇女们就改用蔻丹去了,这麻烦的指甲草儿就只有乡下的姑娘们还在用着,因为不用花钱。

指甲花

这个被叫作指甲草儿的凤仙花，在全中国到处都能长。这种"草"会开花，好看、好活，能染指甲，还能驱虫！不仅花乡人喜欢她，就连少年时代的毛泽东，也把她视为最爱，竟还为她赋诗一首：

百花皆竞春，指甲独静眠。

春季叶始生，炎夏花正鲜。

叶小枝又弱，种类多且妍。

万草被日出，惟婢傲火天。

渊明爱逸菊,敦颐好青莲。

我独爱指甲,取其志更坚。

好一首《咏指甲花》[①],年少纯真,竟有如此奇意,也是真龙天子、人间情怀。

现如今,这凤仙花在大小街边、树丛角落,随处可栽,花乡和北京城用她"绿化",已经没有姑娘再去采她染指甲了,但更多的原因是,已经没人认识她或知道她的作用了。即使知道了,也没人愿意再那么费事地去染指甲!

第二篇　世人都见水烟乡 谁知翠叶花语香

❹ 姑娘出嫁必备的陪送嫁妆

——草桥菊花盆景

自古姑娘出嫁就要陪送嫁妆，富要富送，穷也要量力给点，父母之心都是一样的。

花乡的姑娘出嫁，"花"是必须陪送的！

作为花乡的姑娘，嫁妆里的花，是一盆"盆景"！最讲究的要数菊花盆景！

盆景的盆必须是方的，这是"规矩"的象征。里面用铁丝支好架子，菊花要三色的，红色、绿色、黄色，弯成的形要漂亮。

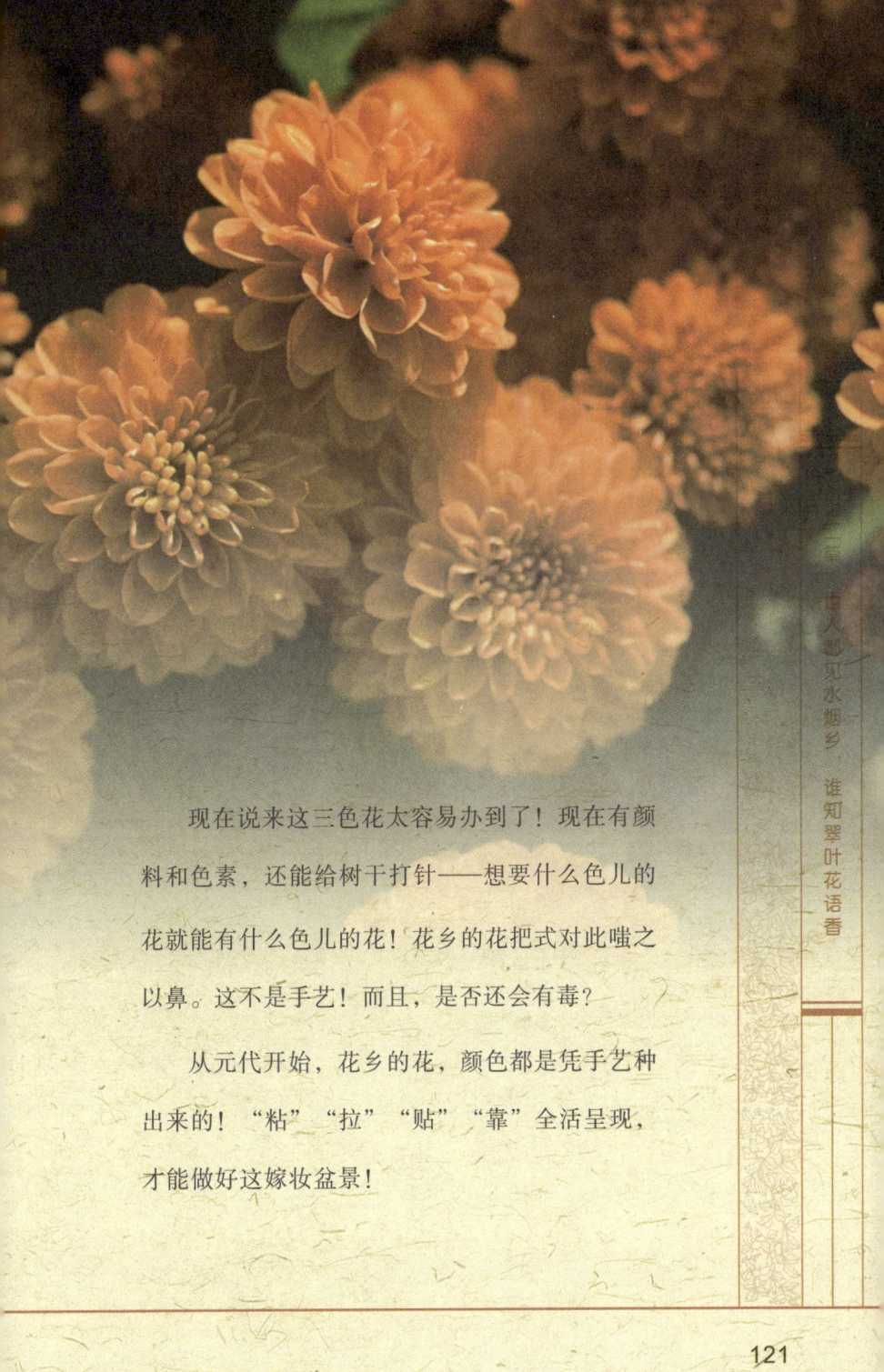

现在说来这三色花太容易办到了!现在有颜料和色素,还能给树干打针——想要什么色儿的花就能有什么色儿的花!花乡的花把式对此嗤之以鼻。这不是手艺!而且,是否还会有毒?

从元代开始,花乡的花,颜色都是凭手艺种出来的!"粘""拉""贴""靠"全活呈现,才能做好这嫁妆盆景!

姑娘的陪嫁盆景，从花的品种到花的颜色，再到做成的景致形状，都是花乡各家花厂的手艺比拼！到了婆家，这盆景还是个念想。

至于为什么是菊花而不是别的花？现在已无从考证。有人说，菊花是北京人最喜欢的花，盛开在京城的金秋，让京城景致更美！菊花又是重阳敬老的孝敬之物，寓意姑娘孝顺，自然就选了菊花。

也有人说，"菊"从"局气"，是京城人的气质所在，也是花乡人从小教育的品行，当然该选菊花……

一切回答都不重要了，草桥菊花，今天已是北京的市花。

第二篇 世人都见水烟乡,谁知翠叶花语香

第三篇

清风吹散花乡事，繁星细数花叶枝

——与花有关的事

讲述的历史，把花农的"花絮"记录在案。

地理标志文化系列丛书

花田往事

  在花乡，花把式视花如命，都认为花有灵性，对花的农事格外尽心。平日里，花乡人家的生活，处处离不开花。花是他们赖以生存的依靠，也是他们情感的寄托。

九九寒梅报春来

燕地苦寒冬日,四下肃萧,唯有京城的花乡,地上隆冬地下春!

明清时期,每到冬季,为给皇宫供应燖花,花乡人家的地洞子里,除了培育草桥燖花外,家家都在呵护过冬的花木。但这多半是男人的活儿。

冬日里花乡的女人们,除了忙于女红之外,更有一件要紧的事!就是在冬至日这天,挂上事先"画"好的数九图,之后每日记着涂色儿。"其实是当日历使的"。

说到这九九寒梅图,就是明清时期京城家家时兴的《九九消寒图》。

皇宫和京城的富贵人家讲究,真的要画上一幅梅花图,花开九朵,梅朵九瓣,全部用墨笔勾线,梅花瓣空心,叫"素梅"。从冬至日起,每

日用朱砂染红一个花瓣，一朵梅花为"一九"，待将九朵梅花的八十一个花瓣全部染红时，就已出"九"，春来到了！

有诗为证：

试数窗间九九图，

余寒消尽暖回初。

梅花点遍无余白，

看到今朝是杏林。

　　清朝时花乡的寒梅图是数九日历，没有那么精致，只极少数人家会请人做梅花图，大部分人家的消寒图，就是一张纸上的八十一个空心圆。事先，各家会在一张草纸上打上横竖各九个格，再挨个在每个格子里画上一个空心圆，这自制的数九日历就做好了，只等从冬至日起，每日记着涂色了。这个活儿是花乡女人们的。

第三篇　清风吹散花乡事，繁星细数花叶枝

"孩儿涎"

——可是丰台芍药甲天下的"制胜秘笈"

都说丰台芍药甲天下,花美朵大,那是有原因的。今天六十岁以上的花乡人都还记得,也还干过!

"孩儿涎",顾名思义,童子口水!

直到20世纪80年代,零食都是一种奢侈品。即便是春节,零食也无外是花生、瓜子,外加各家自制的油炸食品和面点。春节一过,这些带给孩子们快乐的吃食,也就随之消失了,再要就得等来年了。

牡丹花谢后,芍药开始出骨朵儿,天气更暖。当花骨朵儿长到核桃大时,它会分泌出一层糖蜜——花苞是甜的!甜到蚂蚁都涌来。每到这时,花乡的半大小子们,就会成群结队地跑到花田里,

一字排开，每人一畦，挨朵舔过去。

"舔的时候有技巧"，要先"把没沾着蜜的蚂蚁吹掉，再用手把沾着蜜的蚂蚁拨愣掉"，"用手扶着"花莛，"赶紧伸舌头舔，慢了蜜蜂就该

第三篇　清风吹散花乡事，繁星细数花叶枝

来了"。

这也是一场战斗啊！简直是"虎口夺粮"的感觉！原来丰台芍药甲天下的"制胜秘笈"是孩子们舔蜜的功夫——看谁舔得干净，看谁在花骨朵上留下的口水多。

今天，这个活儿已经没人愿意干了。

（仅以此篇献给当年为丰台芍药盛开做出贡献的花乡孩子们！）

花田不可更！这是清乾隆四十一年争议的结果，为京城留下"踏青斗草"之处

从元代起，春天时"官员、士庶、妇人、女子"就"多游南城，爱其风日清美，名曰踏青斗草"（引自《光绪顺天府志》）。那时的花乡，花田成片，已是"每逢春时为都人游观之地"了。

但这美好花田的保留，在当时，也颇有争议。

乾隆四十一年（1776年），有人上书，要让花乡一带的花儿匠"治田为农夫"。这成为一项议题摆到皇上面前。

这种提法前朝就有，此后每隔几十年就会重提一次。

摊丁入亩之后，人口猛增。粮食问题是历朝社会稳定的基础。一番激烈争辩后，大部分人认为，丰台花乡一带自元之后就一直是种花之地，尽管花田成片，但在京城"县内不过亿万分之一耳"，"如禁其种花树而令种田，则失业者或反至多耳"（引自《日下旧闻考》）！

真要感谢当年力挺花乡种花、保留花田的各位大臣们！在乾隆盛世确立了"花田不更"的原则，留住了京城的"踏青斗草"之地，也留住了京城百姓的快乐日子！要知道，这片花田对当时的京城人来说是多么重要！当时的文献史料都有翔实记载。

第三篇　清风吹散花乡事　繁星细数花叶

每年开春，花乡一带游人如织，最聚人气的地方有"季（纪）家庙、张家路口、樊家村、刘村"。这里离城近，这里花成片，更重要的是，这里的人家也会在房前屋后支上秋千架，免费供赏花人歇息。

从元代开始，京师内外，不分贫富贵贱，踏青时节家家都要在院子里立秋千架，清乾隆时期更甚。这在今天并不稀罕的游乐项目，在那时，对孩子们来说就像过年一样——也是一年一次！

春天的花乡，花田烂漫，"车马杂沓，绣毂金鞍，珠玉璀璨，人乐升平"！春游花乡，农舍屋旁秋千悠荡，"士女炫服坐其上"。花田里，"花靴与绣鞋同蹴，锦带与珠襦共飘"。

那时的花乡，一定也堵车，一定是豪车一片，像车展一样，若是停车收费，一天的收入一定丰厚。

那时，每年的春游踏青日，就是京城女人们最美的服装展示期，也是官民同乐的和谐之时。

第三篇 清风吹散花乡事，繁星细数花叶枝

花田里，人们笑声朗朗，彩缎绣鞋的女人们似彩蝶飞舞，游走花间，满是欢乐，好一派春暖花开，其乐融融的景象。

在没有对百姓开放的公园及游乐场所的年代，花乡的花田成为京城人的游览场所。

此情此景,乾隆皇帝见了恐怕也会颁发圣旨:花田不可更!

❹ 冬季卖花

——比冬季养花还难的事

隆冬时节，最难是卖花。

冬天的卖花担子，草桥煻花是最受官家欢迎的，那是必须要有的品种。但花乡腊梅也必不可少。

花乡腊梅的出售，花儿匠要头天先剪下已含苞待放的梅枝，插在白菜根上，在地洞子里暖着。第二天清晨用糊好的连毛纸拢着，再放花担子里，和煻花一起挑到城里卖。

冬季从城南往宫里送花，以肩挑步行为主，也有赶车的，一路风尘。那花担子"都要用棉罩子罩好"，"罩子里还要放上木炭火盆"。

这棉罩子的做法讲究。说是"棉罩子"，实际"不是用棉花做的"，"而是从大的店铺买来""连毛纸做的旧账本"，"用稀米汤糊到八层以上"，俗话说"七冻八不冻"，再用手揉搓到绵软之后，才能使用。这种方法既省钱又防冻，是冬季京城花担子的统一行头。

冬季里送花，可得仔细：要考虑鲜切花的保鲜营养土——白菜根、萝卜根，不能是蔫儿的、烂的；要考虑花担子的棉罩子，一定得八层；要考虑码放的方法和顺序，先卖的后卖的，好看的一般的；要考虑运送过程中的晃动碰撞；要考虑许许多多的"万一"。

花乡人往城里送花，从元明时期的挑担，到明清时期的马车、民国时期的自行车，再到现在的汽车，运载工具的变化，使速度提高、难度降低，但并没有改变运送花卉工序的复杂！花卉运输有挥不去的麻烦。

尽管如此，卖花的收入还是诱人的。

旧时京城里，冬天的花担子可以沿街叫卖，这已是最大的优待了，但还有更特殊的优惠条件。旧京里听到花担子叫卖，买家出来只能是询问和迎接，不得在街上掀开花担罩子看。买家听了卖花人对花的描述后，决定是否让花担子进屋。

待到花担子进入买主堂屋时，成交已是百分之百，剩下的只是买多买少的事了。

花担子进屋后，花儿匠要慢慢儿揭开罩子，因为事先已将最撩人的"好花"摆在最先能看到的位置，这罩子一揭，定是满堂香气和满眼缤纷，引得全屋大小欢腾雀跃，这花价自然也是只听卖主的，极少有买家还价的。特别是年节期间，旧京里买花原本就是摆阔的事，哪里还有还价小气

第三篇 清风吹散花乡事,繁星细数花叶枝

的理儿？

那时种花卖花的产值之高，效益之好，也着实让人羡慕。用花乡人自己的话说，叫"早晨没吃饭，晌午牵匹马"！那可是"有本的庄稼，无价的花儿"。

花乡养育的"芍药花神"张曼殊

曼殊姑娘,也有史书上写作"曼珠",是丰台花乡卖花翁张老汉之女,小名阿钱,明末清初人。那时平民百姓的女儿很少有识字的,可偏偏这曼殊姑娘通诗文,温柔贤淑。

再说这早年想反清复明的"有志青年"毛奇龄,在清初被"招安"为翰林院检讨,官至正七品后,他便专心编修明史。只是他的大夫人脾气暴躁,史上盛传其人彪悍,令毛大检讨不爽。更令毛检讨恼火的,是每逢夫人不快,便拿他的书出气——烧书!这是令世代书香门第的毛检讨最不能容忍的事。

春天的景色总能叫人心情好起来，同为检讨的众同仁，邀请毛奇龄晨游花乡赏花，恰遇"美而慧"的曼殊姑娘，正帮老父伺花剪芍药。落落大方的曼殊，勤快知礼，一边回答着众人关于芍药的问题，一边倒了茶水招呼大家。更让毛大检讨惊喜的是曼殊姑娘还通诗文、知药理。

一来二去的交往，最后是有情人终成眷属的结果。

曼殊姑娘大方得体，会养花会插花，还会摆弄个小药方子，为大家提供日常药膳，这些都受到毛检讨及同事们的欢迎和喜爱。

花乡的姑娘，善良规矩，有分寸，尤爱芍药花。曼殊带来的芍药在毛大官人家院子里开得绚烂可人。

曼殊姑娘最令人叫绝的本事，是"能效百鸟音"，引得百鸟绕梁。真是有曼殊姑娘在，就有鸟语花香。

曼殊的女红，活计精细，缝纫刺绣样样出巧。就连诗文词曲，学起来也是半日必会，聪慧至极。

曼殊的漂亮贤惠，招致大夫人的强烈不满，令其妒火中烧。

选自天津杨柳青画社2004年2月版彭连熙编绘的《中国神话人物百图》

第三篇 清风吹散花乡事，繁星细数花叶枝

平日里委屈受气，曼殊从不声张，终至气郁病缠。那时大家都认为曼殊得了"奇疾"，没两年便以二十四岁的花信年华离开了人世。

秀外慧中、知书达理的曼殊姑娘殁了，她的死令众人扼腕。想起姑娘活着时曾"自言为芍药花神"，毛检讨的同僚陈其年，为纪念曼殊姑娘，题写了《落花》诗，作为墓志铭悼念。而曼殊的惆怅和磨难经历，也叫后人"不堪重咏落花诗"！

后来的花乡人都认为，曼殊姑娘是花乡养育的"芍药花神"。

今天还被人称赞的"雪六爷"

花乡人说的"雪六爷",姓薛。

"雪六爷",军阀混战时期花乡一个响当当的名号,一位"出右安门外无人不知"的名人!原籍花乡草桥,因"草桥的土养小不养大"——指养花的时期和土质,薛六爷便带领一家大小,到黄土岗讨生活。

薛六爷当年出名,有两大理由:

一是活儿好!二是仗义!

先说这"活儿好"。"雪六爷家的花儿种得好"!"白货(茉莉、玉兰)、大桃、杂货(牡丹、月季),都是雪六爷家种得最好","花乡花把式的绝活计,粘、拉、贴、靠,也是雪六爷做得最棒"。

"斯大林死的时候,雪六爷家的花儿都给政府拉空了。"那次,薛家培植的棕榈树还被选定摆放在悼念主会场。

除了花种得好，薛六爷还有一项绝活，那就是配药。

薛六爷的"治疯狗病"（狂犬病）的药、画痄子（腮腺炎）的药、给孩子"收魂儿"（小儿惊吓）的药、治刀枪伤的药，"都药到病除"！"十里八乡、外地的都来找雪六爷治病"。

薛六爷配药也讲究，"那得在晚上12点以后，不能见阳光"。"配药前三天就不能吃肉，还不吃葱不吃蒜，男女不同房"，"还得洗澡换衣裳"，"白天出来上茅房都打伞，不着光"，"这样配出的药才灵"！

"吃雪六爷治刀枪伤的药，病人吃药后不能听见铁器的响声！""吃这红药可得讲究。"据说真有因不遵医嘱，"听见铁器撞击声就被毁了"的。

不知薛六爷的绝活，今天的西医是否认可。

"雪六爷还有一大特点,就是仗义!"

薛六爷的仗义,那更是出名!找他看病他从不收钱!"外地来看病的穷人,雪六爷管吃管住","治好了想回去的,还给盘缠"。

那薛六爷的麝香、牛黄药钱从哪来啊?"给大户人家看好了病,人家要谢,雪六爷不让送钱送吃的,就让送药。"

据老人们回忆,"雪六爷"还曾"每天早上让儿媳妇做两锅贴饼子,放门外舍"。薛六爷说,人得"积德行善"!

今天在花乡,六十岁以上的人还都听说过"雪六爷",提起这名字,就一句话:"雪六爷,局气!"

第三篇 清风吹散花乡事,繁星细数花叶枝

早朝退散赏花去,一掷十两为留花

大清初年,每逢春末夏初之时,朝廷官员尤其是翰林院的学士诸公,在侍读或早朝侍经后,会三五人相约,前往花乡赏花。

那一年芍药盛开之时,曾有李、陈、钱、曾四公,相约早朝退后前往城南赏花游园。

这日辰时退朝后,诸公骑马出宣武门,又行五六里后,有李公忆起,往日众人到花乡漫游很是从容,行至此处,必是全体下马,并要叫随伺小童架炉煮茶的。尽管"唐煮宋点"后,清初时汉人早已沏茶饮用,但水还是要烧开了好泡茶,

一行人可以边饮边聊。只是无从考证诸位当时喝了什么茶,但众人必是饮罢,方才继续向西南前行。

但这日不同,众人是要去看丰台芍药。

当时在京城看丰台芍药,那是出了名的要赶早之事。大伙都知,若等到艳阳高照,那花早已"剪之出售矣"!此时,众人心里也是惴惴的,今日若不是已有二位学士"打前站",退朝后再来赏花看芍药,大概只能是看枝叶啦。

再说这打前站的二人,今晨必须在清晓之时赶到花乡。一路催马,待到花田时,正赶上花儿匠下田。二人急速上前,央告"刀下留花"!

第三篇 清风吸散花乡事,繁星细数花叶枝

花田往事

　　一片花田,朝霞满天,花朵摇曳,景色诱人!二位官人,当机立断,拿出"十两白银",只求"留花两个时辰"!

　　成交!由此开启了"付费赏花"的先河!现在的景区高收费,鼻祖在此。

　　这样的事,据说后来的"香帅"张之洞先生干过,民国初年清史馆馆长王闿运先生也干过。

熏茶的花乡茉莉，夏天秤约(yāo)，冬天数朵

"花乡茉莉"，今天的花乡人提起来，还是赞叹一片。

花乡茉莉的鼎盛，是从清朝末年开始的。那会儿，因老佛爷极爱茉莉花茶，使宫廷中的茉莉花茶用量大增，一度成为贡茶，但宫中的茉莉花茶源自福建，花和茶都不产自北京。不过，这宫中的习惯，带动了京城的市俗。

这期间,随着京城茶园曲艺的兴盛,茶水的数量和质量都在提高,特别是旗人对茉莉花茶的喜好,更助长了花乡茉莉花产业的发展。

当时,京城里喝茶那是"为别人"闻味儿的事![18]于是,茶客们要求茉莉香越来越重,窨花的次数越来越多。据说,最好的茉莉花茶要窨花七遍。京城的茶庄要敞着门,茉莉花香飘一街才招人。

花乡的茉莉花,因气候土壤的条件变化,比南方产的花香。这大好的事儿立即就被京城的各大茶庄发现了。

花乡茉莉花期长,春茶下来后,茉莉花待放,正好接上摘花时间。

每日里,太阳升起后,就可看出哪个朵可以摘了。于是,"上午九点来钟开始,一直摘到下午两三点钟"。

熏茶的茉莉花"必须摘骨朵","花开开了

就不值钱了"。"要选那花苞发白色,而且花萼还抱着骨朵,但已经下滑的摘","花苞发黄、发绿的都不能摘,那是死骨朵"。

听明白了?反正摘可以熏茶的茉莉花是门技术。

"夏天花多,给茶庄的花都是拿秤约"。"一直到公私合营以后",花乡茉莉依然抢手,摘花成了花乡人劳动技能的比赛项目。

"手快的,一天能摘十多斤!"今天谢大姐

花田往事

提起来都十分得意:"两毛钱一斤,我一天能摘十二斤,一天就挣两块四!"20世纪50年代,"花乡的花农一个月工资能有六七十!"那时"北京的农民一年收入还不到一百"!差距就这么大。

等到秋凉了,这"茉莉花就得数着朵地往外卖了"!

花乡茉莉,曾经给花乡人带来巨大的收益。你可知花乡茉莉香的养花"秘诀"吗?别告诉别人,是"麻酱渣做肥料"!看来,告诉了也使不起!

花乡花儿匠的幸福生活

——吃：饺子不炸了都不吃！茶叶不熏了
　　　不能喝！
——穿：花厂老板娘的行头一日三换
——用：京城里最早的有（自行）车族
——住：蓝砖盖房才算讲究
——也有惊魂一刻——就怕贼惦记

　　花儿匠，无疑是京城的富庶百姓，他们生活富裕但不张扬，所以，史料对他们的记载并不多。用今天的话说，就是低调，闷声发财！

　　旧时，花乡人的讲究，缘于花儿匠的职业习惯和卖花收入。

先说"吃"

　　北方百姓人家，"好吃不过饺子"是公认的。

尽管花乡一带的百姓讲吃,红、白案都有地道品种,但饺子还是当仁不让的经典食品。

旧时春节的饺子,花乡人一定要在馅儿里放上一小把韭黄,"切完了,那香味窜得,满村都是"。

这还不算什么,关键是水煮、屉蒸的饺子,"不能直接吃"!"得用油炸成焦黄的",那才叫讲究。在花乡有大户摆谱的,那"饺子不炸了都不吃"!

茶叶,在花乡有"乡级"标准。这里茉莉花茶是主打品种,因为花儿是自产的。

以前花乡人家会从茶叶铺子里买来品级"中上等"的花茶,按当年全家够喝的量,"回来必须重新熏一遍花"!

那时的花乡人家里,没有茶叶买来沏的,必须经过自家的再加工——窨花。"夜里熏茶,因为茉莉花是晚上最香。"一夜的熏茶之后,还必须严格进行的一道工序,就是"捡花",茶叶里不能留下一个花瓣!这样的茶才能在花香中透出茶香,没有霉味。

讲究!这是真"土豪"。

再说"穿"

花乡的花厂多,各家的生意都不错,但还是有几家更有实力的,只是组织形式上都是夫妻店加雇工。那会儿,生产区——花田和生活区——村子还有些距离,花厂越大,花田越多,近地没有了就往远处发展,花厂就越来越远。

从田间到花厂，从家里到街上，以及和买主谈花价，花厂老板娘也是要亲力亲为的，但这行头得讲究，"不同的场合穿不同的衣服，一天三换"！特别是夏天，汗渍、泥星点子，沾上就得换，更别说"给花灌粪水"，回来一定得换。

"那会儿，干活有干活的衣裳，出门有见客的衣服"，就是讲究了。

接着说"用"

直到20世纪30年代以前，花乡花厂进城卖花，还是靠人挑和马车拉，全北京城各行业贩卖东西，都是这两种"送货"方式。

30年代初，英国产的"凤头"牌自行车进

入北平,价格不菲,不知花乡是否有。

1936年,中国第一家自行车厂在天津创建,就是后来的"飞鸽"牌自行车厂。随着第一批国产"铁锚"牌自行车的下线,花乡的花厂主纷纷购买,有的花厂还不止一辆。要知道,尽管是国产自行车,价格依然不便宜!

30年代在中国,一辆自行车的价钱是多少呢?

售价是"大洋42块"。什么概念?当年胡适先生在北平缎库胡同8号租住一个正房十余间、带门房和厢房的标准四合院,月租金是"大洋20块"!

而这时花乡许多花厂主都拥有自行车了。"往通县送花,当天打一往返!"卖花和送花更加快捷了,花乡的花儿匠成了当时先富起来的一群有车族。

还有"住"

花乡人家盖房子,"磨砖对缝"是必须的。但这砖可不是"普通的红砖"!可那时除了红砖还能出什么新鲜物?

"是蓝砖!"

"红砖在各处都能烧出来,这蓝砖,得烧完了用水闷,才能出这蓝色儿,那砖结实不掉末儿!""使蓝砖盖房的,那才叫讲究","那水闷不好会炸窑！"

是这样！原来还真没注意过。

可抗战以后，花乡人的讲究砖房就被毁得没剩几间了。

现在已经不用磨砖对缝的手艺了！

第三篇 清风吹散花乡事，繁星细数花叶枝

也有惊魂一刻

富裕的生活也给花乡人"带来过麻烦"!军阀混战时期,花乡人家可没少担惊受怕。

花乡地处京城郊外,那时期,花乡人家经常遇到的就是打劫,甚至是入室抢劫!"绑老板、绑孩子,要赎金。"

乡里有实力的大户，在京城都有商铺，坐店卖花，特别是广内报国寺一带，花乡的花铺不少。大户人家会在傍晚关城门之前，带上老婆孩子回城里。可大部分人家和花厂还是在乡下。

风声紧的时候，每天夜里，村里会把几家的孩子放一起，由女人们护着，睡到养花的地洞子里。孩子们都不敢出声！赶上谁家的孩子得了"百日咳"，那可吓人啦，越紧张他越咳，"成了出了名的'要命鬼儿'"！

最可怕的是，夜里打劫的绑匪来花厂砸门。这养花人护花的辛苦，外人不知，特别是冬天和开花时节——就是一年四季啦，夜里也要起来看温湿度。这事儿花厂老板们也是以身作则的，更主要的是不放心。这样一来，东家就会和伙计一起住在花厂。

这天夜里，绑匪一伙人到一家花厂敲窗砸门，屋内人惊慌失措，黑夜里抄起衣服往身上穿。花厂老板抓起一条"大裤衩"就往腿上套，不想这一急，把两条腿套进一条裤腿里啦。

此时绑匪们已踹门进屋，花厂老板提上裤子开跑，怎奈两腿被大裤衩的一条裤腿勒着迈不开步！只得双腿蹦着往前跳，另一条裤腿在旁边搭拉着。

月黑风高的，绑匪也看不真着，只听匪头大喊"不要这个瘸子，逮那个好的！"于是，把伙计给绑走了。

接下来的事,当然就是老板花钱去赎人啦。

日本侵略时期,花乡被"冲"(毁)了一批花厂。特别是修丰南路时,日本人要求花厂出钱出力。当时著名的"天兴"花厂,就是在那会儿被毁的。一同遭受劫难的,"还有丁家、屎蛋儿家"。

时令不好,天下大乱,花乡人家的日子也是苦不堪言。

第四篇

城坊里巷说历史，落叶黄花有人识

—— 与花『无关』的事

讲究的花会和花乡的名吃，
带不走的文化与心愿！

❶ 花乡人的理和礼儿

花乡人家里家外都讲礼儿，长幼尊卑不能乱。这些道理，家中长辈以身教为重。花乡的礼数不少，但根本的一条是"留有余地"，并要落实在做事、说话上！

年年有余

花行能挣钱，但花行也是勤行。"粒粒皆辛苦"的滋味，要叫后代知道，知勤知俭是花乡人家代代相传的。

大年三十的"年饭"，花乡人家从中午就开始了。家家团聚，犒劳辛苦一年的自己。

现在人会在年三十吃个酒足饭饱，可那会儿的花乡人家讲究"年年有余"。这可不是现在人理解的，必须在菜品上加一道"鱼"，喻示有余。花乡人的有余是"谁也不能吃饱了"，以示"有

余量",是"留有余地"、"留有余粮"的意思!

全家人围坐一起,全看着家里的老人儿。"年三十儿,老人儿要是撂筷儿,那谁也不敢再吃!"这就是规矩。

这"留有余地"的年年有余的做法,是因为当时的物质不够丰富,但现在看来,这绝对是健康长寿的饮食习惯。

说吉祥话,做勤快人

花乡人最重要的教育,是要求大伙都要说"吉祥话"。说话不能刻薄,特别是"绝不能说狠话",

同时,还要记着"话不能说满了"。

就是在说话上要"留有余地",其实这都是最浅显的做人的道理。

花乡百姓都知道:"说什么有什么,好的不来,坏的一说一准!"积口德、不造口业,任何时候都是重要的为人之道。

花乡人家还有一条要求是"勤"!花乡人最痛恨懒人,懒是人性堕落的关键。大伙都认为,花厂挨劫是有村里的懒人里应外合造成的,懒人没有花厂雇用,懒人不许进棚割韭黄,懒人养不好花,懒人是最不招人待见的!所以教育子孙一定要勤,勤才能发家。

花厂的"企业文化"

花乡的花厂多,我国明代开始的"资本主义萌芽",在花乡这里有真切表现。但凡做大做好的厂子,全凭东家和伙计们的齐心努力。

一点都不夸张,只要是伙计维护东家、爱厂如家的,老板能手把手教授绝活、善待伙计的,花厂就发达。在花乡当花厂主,得有度量。

首先是要按数发给薪水,其次还得不怕伙计挣了钱,学了手艺,再开花厂跟自己竞争。这样的花厂老板才能带来兴旺的花厂生意。

在花乡,花的生意是明争,花长什么样大家都看得到,不暗斗。自己的伙计也许过不了多久,就会在花厂旁边再开个花厂混生活。这真考验人的心胸。这是花乡人的大气之处。

花厂的明争也是大伙都看得到的,最主要的竞争手法是表现

在伙食上。花厂的伙食好坏是检验东家人性的标准之一。这一标准不仅测试老板,同时还测试老板娘。

花乡一直有句俚语:"女人能倚家就富。"花乡的各花厂,伙计爱岗敬业,老板体恤下属,老板娘宽厚仁义的,花厂的花儿的长势一定好,生意一定兴旺。

"吃饭喽!"还没到晌午,就有花厂的老东家吆喝上了。这一叫,没开饭的花厂的活儿就干不下去了。可接下来的对话更馋人,就像戏文里唱的,那边必有一主应着:"今儿吃什么呀?""烙饼炖肉!"满街都能听见。

有时也会听到不知谁家的伙计在喊:"就一片肉,给谁吃啊?"马上就会有一个低沉的回应:"别嚷嚷,晚上咱们吃炖肉!"这是东家的声音。其实,这是做饭的伙计使的坏招——炒完了菜,把里边的肉给挑出来,就剩下一片,好憋着吃顿炖肉。

这就是竞争的策略。其实,饭早就是花厂之间抢伙计的老办法,也是花儿长得好坏的保障之一。在花乡,也有北方地区都有的说法:"谁家的烟囱先冒烟儿,谁家的高粱先红尖儿!"

也真有对伙计不好的,特别是老板娘亲自做饭的,有一家就专把那"筋头巴脑"的给伙计吃,"白面里多掺玉米面","白菜都只给白菜帮子吃!"这让全村人都瞧不起。"解放后给枪毙了。"

宽厚待人在花乡被看得很重,特别是花乡的女人,"宽厚"二字关系到家族的兴旺!所以,花乡的姑娘出嫁要陪嫁菊花盆景——"局气"!

从古到今,后天的教育容易补,唯有家教补不了!它与贵贱无关。今天的花乡后生依然要听从"老家儿"的教诲,在外做人做事"别乱了花乡的理,丢了花乡的礼儿"!

花厂兼种的草药和花儿匠的治病秘方

——花乡还出"名医"

在花乡,花厂还兼种鲜草药,除了个别一两家以种药为主,每个花厂都兼种草药,这也是花乡花田的一大特色。

"水葱",现在的花乡已经看不到了。原本水泽之乡的花乡地区,河边、水塘边到处都是,直到解放初期,水塘没有了,但花乡各花厂都会

在门口种上两盆花乡水葱，青绿青绿，直直的，能长到一人多高，像迎门的摆设，夏天观赏，冬天剪下上面的部分，拿来煮水，利尿消肿。

旧时，花乡各花厂还会种上几棵枇杷树，叶子入药，专治咳嗽。花把式"自己熬的枇杷水，喝上一口就好"！看来舍得投料才能药到病除。

花乡薄荷，也是叶入药，种得最为普遍，每年冬季的市场需求量巨大——祛火。

旧京时的花乡，也曾经荷花、芦苇遍地。花乡鲜芦根也是当时最受欢迎的鲜草药。那会儿还没有麻疹疫苗，鲜芦根是最有疗效的药。

花乡花把式做活细,鲜芦根从淤泥里挖出来后,冲洗干净,选其最粗壮洁白的一段入药,花乡鲜芦根就此出名。

花乡的鲜草药,在旧时的京城药铺里是出了名的好。花厂种药,实际比种花还费劲!鲜花买卖是卖花的说了算,鲜草药买卖是买药的说了算,更需费心。用今天的话说,就是花无指标,药有标准!

草药种多了,就知药性了,花乡花把式还会自己配药!

除了薛六爷治狂犬病的绝招外,花乡还有韩庄子韩家的捏骨正骨,那也是京城出名的,直到现在,韩家捏骨术依然受人追捧。而且,从第一代老韩大夫开始,韩家捏骨就不收钱!如果你想表示谢意,那就去买麝香、虎骨等药材吧!

还有黄土岗王家,治无名肿有一绝,还能治乳腺增生,民间说是"奶疮"。药方是家传的秘方，据说要用香油、炉灰、珍珠粉和铜绿配制，疗效显著。

此外，丰台芍药的饮片药用，花乡牡丹的丹皮作用，更是花乡人人都知道的，有些小病自己就"治"了。

后来，有的花厂干脆就分出专门的药材种植厂，种植草药。花乡地区种植最多也最出名的，有花乡藿香、佩兰、花乡薄荷、天冬，还有石斛、枇杷等。旧京的同仁堂、鹤年堂，很多鲜草药都是从花乡进的货。

花乡，花美、药好，也是旧京的聚宝盆。

讲究的花会组织

——京城花儿匠的文化自娱

花乡花卉出名，花乡的花会也一样出名。

花乡大小十八个村，现在的花乡政府在行政区划上是十五个村，关于花乡十八村的范围，吴文涛在《丰台的花乡与园林》（《丰台历史文化丛书》之一）中，有较为详细的考证。

旧时的"花乡十八村"的说法，是有史书记录的。完颜麟庆在《鸿雪因缘图记》中有明确表述："……右安门外八里,前后十八村,泉甘土沃,养花最宜。"说的就是花乡的"花卉十八村"。

当时每村都有一档"花会"，有的村同时有多档花会，这也就是经常让人不解的花乡"花会十八村"的说法。

花乡花会，实际上就是"有组织、有纪律"的村民自娱性"社团"演出组织。旧时叫"香会"，也叫"社火"，解放后叫"花会"。

花会组织机构健全，纪律严明，训练严格，传承清晰。每一档花会的领头人称"会首"，业内称为"把头"，均由村里有钱、有威望的人担任。有钱是花会置办行头、维持日常活动开销的保障！村上的孩子十来岁就得到会训练了。

各花会都要有几个或多个节目。有根据传统剧改编节选的，如刘村五虎少林会表演的就是《水浒传》中的《蜈蚣岭》和《董家桥》；而纪

家庙的十不闲会,当年表演的是《西厢记》《十里亭》等民间故事;也有以鼓乐笛子相配合,演奏各种曲牌的,如鹅凤营献音会的《到了头》《水了音》等。

白盆窑的高跷秧歌会,还分为文跷和武跷,一个斯文——唱戏,一个火爆——表演高难动作。

孟村的旱船会表演,重头戏则全在穿着旱船扮演"少妇"的演员身上。他要以优美的身段动作,表现出河水时而波浪翻滚,时而平静悠荡的样子,还要表现出"小船"遭遇激流的变化回旋,

以及弯转绕过险滩的惊险动作,还要与扮演船夫的演员相互呼应……此重任非"名角"不可!

刘仲孝《丰台十八村的花会》一文,曾经记录了花乡原有的十八档花会名称。

每到年节庙会,花会的表演既热闹又好看,引得众人围观。旧时的花乡,各村花会活动频繁,各村还相互走会,也到庙里敬香。花样繁多,几乎全村参与。

花会是当时人们文化生活的重要部分,花会也是旧时凝聚人心的一种方式。

当年，花乡花会在京城也是有一号的。据说，让花乡孟村的旱船会、柳村的大鼓会、鹅凤营的献音会一举成名的，是光绪年间慈禧太后的六十大寿汇演。因表现出色，这三档花会都获得老佛爷的"黄云缎奖旗"，上书"万寿无疆"。

如此说来，这"奖旗"应该是太后大寿时，张挂于宫中的"彩旗"，演出活动结束后，拿（摘下）来"赏赐"给演得好的演出团体，所以才会写着"万寿无疆"——老佛爷怎会祝小百姓万寿无疆呢？但不管怎么说，这是宫里赏给花乡花会的，是奖励也是荣誉！

训练中的五虎少林会

今天，花乡的花会中，孟村旱船会已经列入非遗序列，传承还在继续。其余花会，还活跃着的只剩刘村的"五虎少林会"了，它以"群体武术的表演方式，每人手里拿一根白蜡木的齐眉棍"，也称"棍会"。表演时"个个精神抖擞，威风凛凛"，再加上"文场锣鼓乐器的助威"，成为花会表演中最引人注目的节目。

后继有人

❹ 花乡的头名菜户

花乡这地方不仅适宜养花,还适宜种菜。解放前,花乡的菜农可是天桥、广安门几大市场上的"头名菜户",据说"种的大茄子有小盆边大"——那是多大呢?

那会儿,花乡来的新鲜菜,头一两天都是价格高昂,"不让价"！但仅一两天后,菜价就会猛跌到不足原价的十分之一！看来,新和鲜永远都是人们的追求。

当年花乡出名的是各色花乡细菜,有黄瓜、韭黄、心里美。除了花乡韭黄如今再也见不到了,黄瓜和心里美萝卜都不让今天的人稀罕,但是,今天的你还真吃不到这香脆新鲜的原生态菜。

花乡黄瓜

花乡黄瓜不是普通的黄瓜。是"不能偷吃的"

黄瓜——是具有天然"防盗"功能的黄瓜!就一个字"冲"。"谁要是偷吃了,那黄瓜味,刷牙都去不掉!""那会儿,不打化肥",这花乡的黄瓜也是"直直的,二尺长"。

今天要是在菜市场见到长长直直的黄瓜,谁都不敢买,那一定是化肥农药催的。

花乡黄瓜可不是。这二尺长的黄瓜,是要用冬天草桥熥花种植时的花洞子,把花泥捏成秤砣大小的小方块,插上小木扦子,在洞子里烧硬了,把扦子拔了,穿上线,坠在黄瓜上,像一个一个的小秤砣,黄瓜被坠着长得直直的。这是花乡人都知道的黄瓜种植"秘诀",因为那会儿的黄瓜是"弯了不值钱"。

花乡出名的菜还有冬春时节的脆萝卜"心里

美"和冬天的大白菜！可最让今天花乡人念念不忘的还是"韭黄"！

花乡韭黄

今天，满北京城的菜市场上都见不到韭黄，你见到的不是韭菜就是蒜黄。

因为"太费事了"！"那得用当年的韭菜，养壮了到秋后割下，用土埋上，等到头春节前一个月，把这韭菜根放水里一根根捋直戳齐了，放槽子里，不能有缝，再扬上沙子，插上竹竿，盖上席，不能掀动，席一掀开就绿了，四周围上火"，"13天必须割"！

割韭黄的关键是"棚里绝不能让懒人进去"！"割下时那叫香"。"黄黄的嫩韭黄，用红秫秸杆儿捆上，那叫漂亮"。也就是花乡人，弄出的菜也像花儿似的！

这金贵的韭黄，专等"春节时吃饺子，用一

小撮,那叫一个香!""能香一村儿!"馋吗?

花乡红头菠菜

花乡细菜里,还有一种叫人想念的,就是花乡菠菜。花乡人也叫它红头菠菜,根红红的,"炒出来是甜的"。这不就是朱元璋当年落难时,和尚给他吃的"红嘴绿鹦哥"吗!

花乡的菜好吃,究其"原因",一是花把式多,做活细;二是花乡的土;三是浇灌天然的有机肥。因为当时花乡的花都是用酱渣子、人畜粪、

病死猪、马掌沤的肥水浇灌的,这菜也是。

天然的有机菜,有"原香"的各式花乡细菜,这是现代人多么想要的啊!

1986年,花乡在恢复种花的同时,继续巩固着北京特菜区的品牌,首次"引进了西兰花、樱桃、西芹、美国玻璃生菜"等洋品种,花乡细菜的声誉不断飞升。花乡曾经每日供应首都市场30余种菜品,数千公斤细菜。

黄土岗的土和白盆窑的盆

很多人知道"黄土岗",是因为"黄土岗人民公社"的名称。当时的黄土岗人民公社辖区内还有一个黄土岗村。1987 年 5 月以后,黄土岗公社更名为"花乡",但黄土岗村依然存在。真正应该记住的,是黄土岗村的"土"。

今天的人所说的"黄土岗的土",实际是"黄土岗村的土",这是令花乡人自豪的"土"。花乡人说:"解放后,百废待兴!人民大会堂的地基垫的是黄土岗的土!""工人体育场里垫的也是黄土岗的土!"就凭这两项,黄土岗的土就该载入史册。

老人们都说:"黄土岗的土,下雨不沾脚!""装盆不粘手,浇水不板结!"更可爱的是"换花盆时土坨不散"!"非常适合种鲜花"——黄土岗的土就是土地爷赏赐京城的花田土壤,直

到花乡城镇建设之前,北京城里还有"很多单位和个人花钱来买这里的土"。

黄土岗的土,原是无定河冲积扇造成的沙壤土,在这一带形成低洼和土岗,这里的地势较周边地区高出四五米。尽管沙丘、沙岗不少,但土壤中"有机质养分、全氮含量、碱性氮含量均处

第四篇　城坊甲巷说历史,落叶黄花有人识

于较高水平"，据说，这种土透气性强，特别适宜养花！

花乡这一带，大部分是这种土质，只有草桥村一带的土层碱性略高，所以它"下完雨，地上有一层白"。这是不是适合草桥菊花和草桥牻花生长的原因呢？

黄土岗的土,在北京城市扩建后,还被原封保存了"一个小土堆",据说会被建成"遗址公园"留存下去。期待!

花乡还有一个因"土"而特别的地方,就是"白盆窑"。

当年说到白盆窑,就一定会提到白盆窑的"三白"——白花盆、白玉兰、白茉莉。白玉兰和白茉莉是花乡一带的普遍产品,唯独这"白盆",是白盆窑的独产!

早年的白盆窑,在"窑"里烧制花盆,也烧制粗使的家用陶盆,用来洗米洗菜。

而经年出名的,最后只剩花盆,所有到花乡来买花的主儿都知道,用白盆窑的花盆养花才好活。

其实,白盆窑的"盆",出名不在"窑"而应在"土",就像景德镇的瓷器得益于高岭土一样,白盆窑的盆,也缘于这里的土。

先是白盆窑的土烧出的盆白！"拿水闷都闷不出蓝色儿！"再就是白盆窑的盆透气，养花不烂根！

这真是一方水土出一方物！白盆配花衬得住，透气渗水花好活。但这里就是烧不出细腻的生活用瓷，只能烧些瓷砖瓦之类的建筑用瓷。后来也有人努力尝试，但最终这窑里烧出的，还是花盆。

一利一弊吧，这里是花乡！

老白盆

现在的白盆

槐树、水井、金剪子

——明代授命京城花儿匠的传说

说"传说",是因为史料上查不到,但民间又盛传!特别是在花乡地区。有人甚至说见过金剪子!

据不完全考证,花乡之成为"花"乡,应是紫禁城在北京的建立——皇宫里有大量的用花需求!

这里传说,皇上为了保证人才稳定,不让花儿匠跑了,就把这一群手艺人安排到今天花乡一带,分为十八个村定居,这就形成了著名的"花卉十八村"。

花乡人又说,这些"手艺人",原是建紫禁城时的工匠——当然是能工巧匠而非劳工,皇上为了表示"谢意",拿出这十八个村子,给工匠们"安家",而安家后维持生计的"事业",就是种花。

　　这样,除了给这些花农划拨花田种花之外,为了区别他们与周边粮农的不同,皇上命令,花

传说中的金剪子

乡的十八个村都要种上一棵大槐树,树下掘一眼井,井的大小深度,十八个村一致。

您若不信,可以到今天属花乡造甲村村委会管辖的孟村一探。

还有传说,崇祯皇帝在位之初,为了表彰花乡花儿匠的种花技艺,特赏花农"十八把金剪子",是剪枝用的那种剪子;"每村一把"!

"有人见过纪家庙的那把!"还有人记得,"最后一把金剪子,是'文革'时期被人私藏了"!

看来这是真事儿?!

⑦ 花乡名吃

——有传承的"宫廷菜"

没有人注意过花乡的"名吃"！没人知道也没人相信，花乡出大厨！

花乡大厨的祖师爷姓宋，"早年在靖王府当厨子，御膳房里有四道菜是我们祖师爷发明的"！现在花乡大厨第五代传人十分肯定地告诉大家。

花乡的"刘家村俗称厨子窝"，厨子们有自己的"帮会"，叫"灶君会"。创始人是花乡刘家村人称"活灶王爷"的刘九。

这就是花乡"刘家军"厨子帮，每年八月初三，"灶君会"开会，行拜师礼，也分派任务。任务主要是"跑大棚"。

"跑大棚"，是旧京农村料理红白喜事宴席时，专门请"厨师团队"来家里的上门服务方式。

跑大棚的厨子们会在事主家搭起露天的后厨操作间,并现搭灶台,支上棚子,在棚内制作出众人宴席用的冷菜、热炒和主食,出品叫"大棚菜"。一次十几桌起,并且是流水席,吃完一桌立刻翻台,一天里甚至几天里,从早到晚不间断。这对厨师的手艺和体力都是考验。

花乡的"大棚菜",最经典也最让花乡人引以为自豪的,有四道招牌菜,据说,就是花乡厨师老祖为御膳房发明的:"酱瓜丁、炸鹿尾儿、樱桃冒丸子和鸳鸯小肠。"

酱瓜丁和炸鹿尾儿是两道京味菜肴,在京城老字号里还能吃到酱瓜丁;炸鹿尾儿大家都在《报菜名》的相声段子里听过,但现在吃不到了,大致是将猪肉猪肝做成馅,灌进清洗处理过的肠衣里,分段扎上后再炸;樱桃冒丸子和鸳鸯小肠,纯粹是花乡自有的两道京味特色菜。

樱桃冒丸子是道汤菜,只是这肉馅丸子大小如樱桃,这是关键!汤是白的,"不加码"——香菜、葱花一 律不要,吃的时候要和着汤一块吃。令这道汤菜汤白味醇、地道鲜美的,除了选料讲究外,全靠

肉馅的调味手艺。

鸳鸯小肠,也是猪肉馅灌肠的食品,但它的绝活在于灌肠的"馅"里添加了豆沙,让灌肠后的横切面呈两种颜色,是否也是甜咸两种味呢?不能告诉你了,只知道这是"鸳鸯"的喻名原因,在北方菜系中很少出现,是一道检验厨师功力的"花乡名菜"。

上述四道都不算绝活,花乡最独特的是宋家的一道"不外传"的菜——花油卷!

"就是网子油卷"!网子油?"现在是下脚料!"就是猪的肥瘦肉之间,似油有膜的一层。

油炸鲜花——秀色可餐

把它揭下来,"不能破"!本就破洞似的东西!要那膜不能断,还要卷上肉馅,"不能卷松了",再剁、炸、炒,"成品像焦溜丸子,但个头比它小",关键是"上面每一道工序都不能让它碎了"!

这菜的手法秘不外传!还有识别真假的一招,就是"看配料","上桌时配料里没有青蒜的,就不是这门派的传承人!""知道了也没用,不会切、下锅的火候不对,都成不了!"

看来,也就是花把式能琢磨这"精细活"。这是花乡"有传承的""宫廷""大棚菜"!

花乡大棚菜的一道主食——大条面,也不能不提!

花乡人叫它"帘子棍"。必须用标准粉,加上些许碱水,一次和五六斤面,就是一桌的量。旧时都是八仙桌,够一桌八人吃的。

抻大条是技术、体力和技巧的结合,讲究"六扣一百二十八根",成品是一整根不断!

第四篇 城坊里巷说历史,落叶黄花有人识

照片中抻面的大厨,就是红白案全活的花乡大厨第五代传承人,他的花乡大棚菜,代表花乡,当年还在"京郊首届民间技艺绝活大赛"上得过"优秀表演奖"!

花乡的"圈"

——花田也为皇上养牲口

花乡的"圈",是清代延续下来的"地名"。花乡有头圈至六圈,六个圈,是专为皇家圈养皇上"狩猎"用的牲畜的。当年花乡的圈里主要养黄羊。

花乡设"圈"的两大原因,一是花乡与南苑相邻。南苑是清朝皇家的狩猎"公园",说它是"公园",是因为这里不是真实的野外打猎,而是为了满足清帝及皇亲国戚们原有的民族习惯需求,设置的"散养动物园",类似今天的野生动物园。其实,这皇家猎场到清朝乾隆皇帝驾崩之后,就没有太高的利用率了。

另一个原因,当然是这里的水好、草好适合黄羊生长,死亡率低。

当年皇家饲养场的设立，曾为花乡花农带来过一系列好处。

康乾盛世之时，皇上每次出巡打猎，所经之处，不仅道路要修整垫平，还要减免所经之处的税收。史料记述为"再蠲来年应征钱粮十分之三"！这是对百姓的最大利好，皇恩浩荡。

花乡当时经常享受这种皇恩，不仅因皇上来此狩猎，还因皇上来此踏青赏花。

清朝晚期，花乡各圈在皇家饲养任务完成之后，这一方土地，就成为近代京城最好的蔬菜种植地。民国时期，二圈还出了京城有名的"头名菜户"。

⑨ 镇国寺的射草狗与悠久的走桥"健身"

射草狗

镇国寺的皇家射草狗活动,实际是一种皇家的祈祷祭祀仪式,在元代经常有,因时间久远,镇国寺也不复存在,此事现在已无人记得了。

射草狗活动之所以隆重,是因为它是皇家的祈福仪式。这一方面源自元代蒙古族的旧习;另一方面,也是元代皇家子弟过久了宫中安逸生活的调剂。

射草狗为花乡带来的最大好处是,一热闹,二"整治"(市容),三减税,四皇家为民众祈福脱灾!

对普通百姓来说,这就够了。

据《元史祭祀志》描述，这是隆冬的"十二月下旬"进行的祭祀仪式。快要过年了，人们都怀着企盼的心情。

仪式就在草桥的西镇国寺内，靠墙用秫秸秆儿扎一个草人、一个草狗，再"剪杂色彩段为之肠胃"，挂在草人草狗身上。

"帝后及太子嫔妃"聚齐前往。先由蒙族"巫觋"（巫师）做礼赞，之后是射手"射击"，以示消灾。仪式隆重短暂，但却是元大都重要的皇家祭祀活动——国家大典！在新春将至之时，给花乡一带的百姓带来了无限乐趣。

走桥

草桥之桥，在元代的春节，还有一项重要使命，就是承载花乡和京城涌来的女人们，在上面完成"跨越病灾"的祈愿，名为"走桥"。

这也是旧京时花乡的一项娱乐活动。走桥的时间，是正月十六的夜里，女人们相约着，一起来到这座白石修筑的"草桥"，一定要郑重地走一遍这座平日里千百次走过的桥。民间传说，这夜"不过桥者不得长寿"！

于是，走一遍为自己，再走一遍为夫君，又走一遍为父母，还走一遍为孩子……一遍一遍地走，桥上人满为患，全是女人。男人、孩子在桥下各自乐着，直热闹到破晓。

这一消失的年节项目，倒也适合今天广大的亚健康人群，只是别挤着等到正月十六了，平日里就走起吧。

第四篇 城坊里巷说历史,落叶黄花有人识

第五篇

花雨空濛欲化烟，眼前风物似当年

——今日花乡『买』花去

盛世花乡韦陀在，
何愁花神不复还？

1 花神庙的前世今生

花和庙一直是互为装点的。

过去,寺庙都十分注重养花,一来"借花献佛",二来有助清修。旧时北京,许多寺庙更是因花而出名。"如极乐寺的海棠,崇效寺的牡丹,法源寺的丁香,宝禅寺的桂花,天宁寺的菊花"。而法源寺更是"典型的'花之寺'",可见其花木的繁盛。

鲜花是寺庙最好的净业之物!

花乡,原本也是佛寺遍地的吉祥之地,几乎村村有庙,有佛教寺庙,也有神仙道观,有的村还不止一处。这些寺庙多数是乡间大户捐建或村民"众筹"的,花乡人自古就有捐钱筑庙的习俗。

花乡的寺庙不仅是百姓的上香处,还是僧人住持的修行处,古时花乡地区的寺庙很多是有正规建制的佛学寺庙。最殊胜的是房家村的清胜寺,

当时"曾有僧人园成、园道、园智、园惠、园才、园果、园宏七人"⑮在此讲经,名声远大。

现在已复建了一小部分的于家胡同"古刹达园寺",当年也曾香火旺盛。

在花乡,旧时有记载的香火兴盛,并有僧人住持的大小佛教寺庙共有五座。除上述两处外,其他三座分别是被八国联军焚毁的、位于草桥东南东花神庙后的佛寺庙,新发地村东南的观音庙和樊家村以东神堂的观音庙。

第五篇 花雨空濛欲化烟,眼前风物似当年

除佛教寺庙之外，花乡的神观也不少。花乡曾经有药王庙三座、花神庙两座、马神庙两座、关帝庙两座（含镇国寺）、二郎庙一座、分水龙王庙一座、三皇庙一座。都是有据可查的神庙道观，其中，花神庙当首屈一指。

花乡的庙观，在各村还有一些无记载但有"记忆"的，因孤证难考，这里不再一一记录。

两座花神庙

当年，花乡的花神庙分为东西两座。西花神庙原址在夏家胡同，据说在民国23年时就改成了"北平南郊五十八小学"了，解放后学校更名为"花神庙小学"，就是今天纪家庙小学的所在

纪家庙小学花房

地，就在西三环路东。

这样算来，纪家庙小学也是有着 80 多年历史的老校了。更令人欣慰的是，这所小学一直保留着爱花种花的传统，学校里设有小花屋、组培室和兴趣小组。学校将花的历史和种植方法"编入"课堂，从孩童时期就开始培养！

原先在西花神庙里的 13 座花神塑像，现早无踪影，好在现在的北京南四环"世界花卉大观园"里，已经重新摆放了她们的雕像，每月一花神，而且连闰月也算在内了，只是没有庙宇再为她们遮风挡雨。

这座曾经占地 2400 多平方米的西花神庙，

具体的修建年代已经难以考证,只知道它在明万历年间重修,清道光和光绪年间又进行过修缮,

花乡政府配发给孩子们的花种子

庙前有一座戏楼,为无梁楼阁。清末民初时期,它是花乡各花厂主聚会、洽商、请戏班子、走花会的地方,是每年阴历二月十二日花乡最热闹的地方,又像花儿匠自发的"行业协会"办公处。

东花神庙则位于草桥东南,是一座神庙与佛寺庙相连的花神庙,当年这里香火极旺,敬香的人最多。东花神庙的神庙部分占地近2000平方米,佛寺庙部分占地"20亩,正殿很雄伟,房柱直径60多厘米","庙内有几十名和尚"。

这样看来,东花神庙的建制倒更符合花神的传说——践行"借花献佛",完成"昙花一现为

韦陀"的夙愿。对百姓,花神与佛陀不应分侍,花乡花儿匠早已知晓。

可惜,这座建筑和供奉都如理如法的东花神庙,毁于光绪二十六年时八国联军的焚烧,同时被烧毁的还有庙南的那座佛教寺庙!而起因是这座佛寺庙当时是草桥义和团团员的操练营地,义和团抗敌失败后,寺庙就被侵略军纵火烧毁了!

新中国成立后,这里建成了镇国寺小学。

纪家庙小学的花种培育

② 看丹的药王庙和庙会

看丹的"看"字,在这儿念"kān"。据说,自康熙爷将无定河改名为永定河之后,这里修建的河堤就需要值守,不让河乱跑。守着河滩,这里的原住民都是看守河堤的,"看滩"成了南来北往的人都知道的地名。

但此地旧时也是京城的花田所在,大面积种植花乡牡丹。春天时,来此看牡丹的人络绎不绝,

但"看滩"这个地名,让文人们作诗不爽,于是,花乡人认为是"不知哪位秀才琢磨出'看丹'二字","这二字一出口",便"风靡京华了"——此句摘自《花乡乡志》。

但这种说法中,"看"字似乎就不能念"kān",而应念"kàn"了,抑或对当地人而言,还应念"kān",是看着牡丹花之意?

这是地名的传说,但流传已久,不知始于何时,也无从考证。关键是自打叫了"看丹"之后,这里人气大增,不仅春季踏青赏花游人如织,就连平日,这里也成了南来北往的交通要道,整日车水马龙了。

大约是人员密集的原因,或者是外面带来了病毒?反正是不知何年何月,这里流行过一场"瘟疫",全村人无一幸免地腹痛难忍,遍寻医士,无药可治!京城的人不再来春游,外埠的人也绕道而行,看丹村成了人们避之唯恐不及的地方。

此事发生在清代。

还是传说,这年的阴历四月二十八日清早,一位"头戴方巾,身背宝剑,手里拿着一把拂尘的道士"[16],"手拿摇铃"地"一路吆喝",打破了连日来村中的寂静。只听道士喊道:"我本老道,治病包好,去痛除灾,分文不要。"

抱着试试看的想法,全村出动。不想,老道开出的全村一样的药方竟是"丹皮加水白煮"!可惜,剂量无从考证了。

丹皮,牡丹皮也!看丹盛产,平日里村民们都拿它"当干柴烧"!

将信将疑地服了药,到晚饭时分竟全村康复,药到病除了!

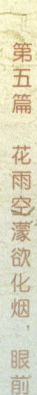

第五篇　花雨空濛欲化烟,眼前风物似当年

人们抑制不住内心的喜悦和感激之情，纷纷走上街头，想要好好庆祝，并感谢救命恩人。此时才想起，没人留意那治病的神医，再找人时，神医早已身影无踪了！

人们惊异不解，人们惋惜哀叹，愈发地想念神医。此时忽然有人提问："这不是药王前来相救吧？"一语道破，是药王！一定是药王！

于是，村民们自愿出资，为拯救全村父老的药王孙思邈修庙供奉。从此，看丹药王庙香火不断，花乡牡丹从此也枝繁叶茂。

自此，每年阴历四月二十八日，在药王生日这天，十里八乡的人都会到看丹药王庙来敬香，还会来许愿。看丹村的百姓们为了以实际行动感谢当年药王救命不取分文的丰功伟绩，知恩报恩，这一日全村都蒸馒头熬粥，家家把食物摆出来，施舍给前来进香的外乡人和看客。

后来,每年阴历四月二十八日开始,连续几天,这里自发形成了"看丹药王庙会",花乡各村花会也争相前往,花会表演、京味小吃、商品交易、舍饭进香,人来人往,好不热闹!

据回忆,清末民初时期,京城著名的老字号"瑞蚨祥""王麻子"都把绸布、剪子等名品拿到看丹药王庙会上来卖,比赶大集时品种还多,可见当时的看丹药王庙会京城有名!直到"文革"前,丰台区的一商局、二商局还在庙会上举办过商品交易会呢。

❸ 昔日花乡赏花，今日亭馆置酒

昔日城南花乡能赏花，缘于几百年来传习的大片花田和留下的"古迹"。

花乡，花卉种植面积大、品种好、数量多、视觉冲击力强。当时若有摄影器材，拍摄效果一定震撼！

当时，在花乡一带还有大量元代留下的亭馆别墅，但到清初时就已"无从考"其为何人故园了，只留下烟水荷花一片，亭台楼阁几组，似梦似幻，如入仙境，成为当时的"古旧池台"。花乡也成为旧时人们吊古寻幽的地方。

如此境地，当然是郊游赏花的绝好去处。

昔日花乡赏花，还有一个活动项目，就是逛花厂。

当年的花乡有一点不能不提,就是花厂数量繁多,花厂字号的商标意识很强!

花乡的花厂,清朝初期已有字号,乾隆之后广泛兴起。起初,字号只是买主货比三家的必需品,后来发展成卖主之间竞争的必需工具。于是,花乡花厂字号林立,今天人们还记得的有:同春、利茂、玉林、聚兴、聚成、永胜、永春、聚利、义和、天兴、全茂、全兴、玉顺、同和、春林、

第五篇 花雨空濛欲化烟,眼前风物似当年

月荣、六合、瑞轩、永利和、东胜记、西胜记、东安记、西安记……现在已难以一一记录。

昔日到花乡，野外赏花，室内挑花，货比三家，总有一盆适合你。

盛大的花开景象，让花乡招蜂引蝶般引来大批赏花人，只可惜明清时期的花乡，四处竟"无亭馆置酒处"——没有酒馆没有茶馆，这一现象到清朝中晚期依然没有变化，叫人不无遗憾。

所以才有清代俞蛟在《春明丛说》中讲到的，"陆生"自带酒水醉卧花田，成就一段梦神说梦的美好姻缘之事。姻缘真假无须考证，携酒醉卧花田，倒是那时许多文人游客的赏花经历。

今天的花乡，早已没有成片的花田，但还有"一道绿隔"的最后防线，还有正在规划的"花乡花卉历史文化博览园"的希望，不久的将来，也许还会诞生"千亩彩叶园"……不论它们能否竣工，今日的花乡地界，早已不用再担心无置酒

《北京意象·丰台华彩》"水中温泉"
作者：高忠由　中国画：179cm×96cm

第五篇　花雨空濛欲化烟，眼前风物似当年

的亭馆了。

今日的花乡，你若前往，已是花入园、景缩编，花田不复，但有花卉大观园，有盛芳国际花卉总部基地，还有世界公园，看花看景都可满足。

今日的草桥一带亭馆遍地，有多家以田园风景为餐厅内景的大型餐饮场所，令吃与赏相结合，迎合现代人的生态环境要求。但你若想吃上"花乡大棚菜"，恐怕要费一番心思！

4 买花宝典

花行是勤行！买花的诀窍也还是一个字："勤"！

要勤问、勤看！

您在花市上买花，一定记着以下几点：

一问，问（您要买的）花的习性，是喜阴还是喜阳，是喜水还是喜干，是喜热还是喜凉，"几天浇一次水"？

第五篇　花雨空濛欲化烟，眼前风物似当年

二问，这花是打小养成的，还是后插的？"很少有人从两片叶子开始养！"后插的半成品，拿回家去，最多一个月就死。

三问，卖家最后一次给（您要买的）花浇水的时间！这是保证您的花买回去活得长久的关键。一般买家会问几天浇一次水，答"七天"，于是，您回去后第七天再给花儿浇水时她已经快"弯回去"了。什么原因？您买她的时候，卖家已经浇过水6天了，到您再浇水时，已经是第13天了——花能不死吗？

四看，看根。看这花有无根系植入土中！花盆是干净的，往往就是一根楚插在土里，买回去一周就死。这是近些年来许多花贩子贩卖南方花卉的常用伎俩，是最让花乡花把式瞧不上的做法。所以，您要看那花盆，有的溅上泥点子了，有的甚至有细根从花盆底部的渗水眼里滋出来，那是原盆培养的花，买回去善待她，一定能长久陪伴您。

五看，看叶。有的花看上去，花好叶绿的，那叶子绿油油的，您看了一定喜欢。可是这时，您就得注意了，

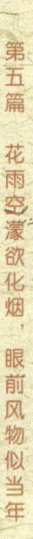

第五篇　花雨空濛欲化烟，眼前风物似当年

很多情况下,这是卖家在花叶上"喷了碧丽珠之类的东西",您看着好看,卖家好要价。殊不知,"花叶上的毛细孔全都给堵死了",这种花买回去能活得长吗?

看来,买花也得勤快——勤问、勤看,还得细细观察,最根本的,得是卖花人凭良心做生意!

来花乡看看,找个花乡的花把式买花。

夏天的茉莉花与草花一个价

5 没有院子了

——做个楼房花把式

要问花乡花把式"什么花好养",回答是:"没有不好养的花,只有不了解花性,不认真地养。"

第五篇 花雨空濛欲化烟,眼前风物似当年

花把式，"不像画家和歌唱家似的，要有天赋，甚至要天生的"，"花把式是可以培养的"！

这是一条很令人振奋的消息，一个令不会养花的人平添自信的说法！

想要养好花，记住六字真言：勤学、认真、自信！

说来容易做到难吗？

在家养花

先告诉您一条家庭养花的原则：别搬动！

花买回家都有一个环境适应期,"跟人一样"！养花最忌讳的是,您买回的花在书房养了十天半月开花了,好看、高兴,开花这几天搬客厅去,大家观赏！不成想长得好好的,开完花整个植株都不行了,像霜打了似的。于是,您就加肥、加料,直折腾到花儿死。

再告诉您一条家庭养花的原则：别乱浇茶水！

有的人家一家人都勤快,甭管是谁,你喝剩下的茶水,浇花里；他喝剩下的茶水,浇花里！"没时没晌地浇,花长不好！"

阳台养花

现在说到养花，最痛苦的是城里人——不接地气，还地方有限，楼里人的花想要"阳光雨露"，简直是奢侈！

阳台，大概是住在大楼里的花儿们唯一能享受到阳光的地方了。但各家阳台的朝向不同，同在阳台上，也不是所有的花都能长得好的，特别是只有西、北阳台的人家。

针对阳台养花问题，花乡花把式刘焕尧师傅对花进行了分类，为人们在阳台养花提供参考：

先说朝南的阳台,这里最适合养植的花木有:米兰、夹竹桃、橡皮树、石榴、月季、菊花、茉莉、大丽花、扶桑、一品红、仙人掌、牡丹,还有柑橘和桂花,只是夏季要注意多喷水,花盆摆放时,还要注意植株的高矮搭配,让大家都能晒着太阳。

再说朝东的阳台,这里每天只有上午有三四个小时的较弱阳光,可以种些耐阴喜阴的花卉,如蟹爪兰、君子兰、茶花、杜鹃、玻璃翠、倒挂金钟和仙客来等。

朝西的阳台与东阳台相反，它是每天下午有三四个小时的较强阳光，在这种阳光下种花，需要制造小气候，比如先种棵葡萄或紫藤、金银花、

看看住在楼里的花把式们是怎样利用阳台的

牵牛花等攀藤植物，长出荫棚之后，再在下面栽种些喜阴的花卉。记着，是喜阴的。

大家都认为，朝北的阳台养花利用率最低，其实不然。朝北的阳台整日没有阳光照射，只有夏季的早晚会有一会儿阳光斜射，其实，这里最

第五篇 花雨空濛欲化烟，眼前风物似当年

适合养植荫生花卉！是养植文竹、兰花、龟背竹、紫罗兰、吊兰的好地方！甚至还包括君子兰、蟹爪兰和仙人掌类植物。好好利用，朝北的阳台一样能绚丽多彩。

还要告诉那些喜欢养仙人球的朋友一个秘密，在球的身后放一面镜子——让她长圆了！

养花是门儿技术，养花也是门儿学问！

就让昔日花田里的花盛开在大家的阳台上，盛开在各家的客厅中，绽放在各自的书房里吧！

花田，曾经的壮美令人神往，但今日一点一滴的美，同样能醉人心扉。

花田，往事如烟。

花乡，还会更美。

参考文献

① 《燕都游览志》

② 《钦定日下旧闻考》

③ 《北京岁华记》

④ 《帝京景物略》

⑤ 《钦定大清会典》

⑥ 《故宫遗录》（明）

⑦ 《长安问花记》转引自《日下旧闻考》

⑧ 邢锦棠《花乡的历史与沿革》

⑨ （清）方元鹍《都门杂咏》。注：宋陶毂《清异录》说："唐末文人有谓芍药为婪尾春者"。

⑩ 《北京黄土岗花卉栽培》（修订本）

⑪ 《鸿雪因缘图记》之《丰台赋芍》

⑫ 《花乡乡志》

⑬ 王守宪《花乡花卉生产的沿革及变迁》

⑭ 常人春《老北京的风情》（北京出版社，2001年版）

⑮ 邢锦棠、张霖《地名录》

⑯ 王向臣《药王》

⑰ 高菊村《毛泽东故土家族探密》（西苑出版社，1999年版）

⑱ 刘小萌《清代北京旗人社会》（中国社会科学出版社，2008年版）

⑲ 著名花卉、园林专家徐志长先生口述。

后 记

《花田往事》揭示了北京花乡地区的花卉特产"丰台芍药"、"花乡牡丹"、"花乡月季"、"花乡茉莉"、"草桥菊花"、"草桥塘花"背后的文化历程,告诉今天的人们,祖先曾经给我们留下的丰厚物产。让人们知其历史,晓其珍贵,护其天然,享其地道。

揭秘各地地理标志产品的人文背景,展现地理标志物产的特色风貌,一直是本人的一大爱好。

《花田往事》的写作,缘于本人对地理标志物产的热爱和探究。只有将地理标志产品"背后"的文化内涵展现出来,才能引起人们对它的关注与热情,才能叫人了解它的特定品质。同时,花乡地区丰富的人文历史资料和纷繁的花卉品种,也激发了本人的创作欲望。

本书的篇幅体例首先得到中国商业出版社姜仲先生的建议。

成书过程中,又得到花卉、园林专家、原天坛公园总工程师徐志长教授,北京地理学会副理事长朱祖希教授和中国商业史学会常务理事袁家方先生三位恩师的点校。从花卉专业、北京地理、北京历史考证，到文章词句、标点运用，三位恩师分工合作，分别给予本书全面细致的指导和补充，令学生终身难忘！

本书在采访和立意上，还得到花乡李智先生、王世义先生、韩国喜先生、王亚娟女士以及吴赍熙先生之孙女吴勤女士的帮助与指点；本书封底及各篇首页的篆刻图章，得到上海施新海先生的倾情制作；书中插画由杨飞先生完成，在此由衷地表示感谢！

花乡还有许多奇闻异事，由于本书容量和体裁的限制，在走访和查阅资料的过程中，有许多极具吸引力和厚重文化感的人和事，不能纳入书中，我将在日后的整理和进一步采访中，把它们汇编成册，以供茶余饭后的谈资。

由于本人学识、经历及时间的限制，本书不妥及未尽之处，将待下部《花田往事》更改、细述。

世界美好，吾当护持。

2015 年 6 月·北京